Esthétiques
Sur Carpaccio

Ce livre d'images décrit un voyage : Venise, Lugano, Berlin, Caen, New York et retour à Venise, dans le corps morcelé du peintre Carpaccio, dans son œuvre éparse. Voyage au milieu d'histoires, de mythes, de méthodes et d'idées, une errance fervente. Michel Serres avait déjà écrit sur la peinture : Poussin, Vermeer, Latour, Turner, et, récemment, sur Hubert Robert. Il projette en ce moment un ouvrage sur la sculpture.

Ce voyage dans Carpaccio est un cycle dans un cycle sur la peinture qui, lui-même, en est un dans un cycle sur l'art. Etapes patientes dans un voyage immense entrepris depuis plus de vingt ans et qui continue aujourd'hui. La philosophie de Michel Serres se présente comme un voyage, les passions et les tribulations d'Hermès.

Hermès passe partout dans l'espace et le temps. Par les sciences formelles et les sciences physiques, leur naissance dans l'Antiquité, leur épanouissement à l'âge classique, leurs avatars au siècle passé, leur état d'aujourd'hui, par les sciences qu'on peut dire dures et les sciences humaines, par le passage difficile et délicat qui les sépare et les unit, par les sciences et les récits, littératures et mythes, par les sciences et l'art, par l'histoire des religions. A chaque étape du voyage, à chaque cycle parcouru correspond un livre, ou un fragment de livre dans le cycle des *Hermès*. A mesure qu'avance l'errance le dessin est plus cohérent, une sorte d'image globale se forme, comme une promesse ouverte. Celle d'une philosophie d'aujourd'hui ?

MICHEL SERRES

Esthétiques
Sur Carpaccio

HERMANN

pour Jean-François

La philosophie de la communication doit connaître de ses contre-exemples. De quoi ne discute-t-on pas ? De la démonstration mathématique. De quoi que ce soit, devant la force déployée, la violence prête à l'attaque — frappe, mais écoute —, la bombe. Des goûts et des couleurs. Le voisinage des trois cas fait peur. Tout se passe comme si, privé d'armes et de raisons, celui qui refuse dialogue se réfugiait dans l'esthétique.

Du premier de ces contre-exemples, j'ai parlé souvent. Je crois devoir traiter en abondance du second. Voici des assertions sur le troisième.

CARPACCIO (Vittore), peintre vénitien, né autour de 1465, mort en 1525/1526. Œuvres principales à Venise : musée Correr, Galerie de l'Académie, Église Saint-Georges des Esclavons, Stuttgart, Berlin, Caen, New York, Lugano, etc. Rétrospective à Venise : 15 juin - 6 octobre 1953. Bibliographie abondante et redondante.

Printemps 1974

CAEN

La sainte Conversation[*]

Pont-Jérôme

Le décor n'est pas un décor, même si sont placées la scène et l'avant-scène. Le dernier des « primitifs » ne croit pas encore au théâtre, il gomme les distances qui font le théâtre, en plantant les tréteaux. Le monde n'est pas différent de ce qui se passe dans son espace. Le monde est l'action de l'action, sa présentation. Non pas fond, non pas double, son être même. Vieille harmonie que nous avons perdue, harmonie devant ou derrière la table, préétablie, maintenant illisible. Le monde n'est pas un décor, il dit l'avant-scène et réciproquement ; ces deux plans disent l'arche intermédiaire, où le rideau semble levé, où la machinerie est là en attendant le machiniste. Ils disent tous l'essence du dire, le fonctionnement, comme on dit, de la conversation, le dialogue dans ce qu'il a de sacré, c'est-à-dire de productif : la naissance du Verbe. Il faut persister à nommer le Carpaccio du musée de Caen *La sacra Conversazione*, même si celle du musée de Berlin est détruite. Les autres titres sont imbéciles.

Dans l'ovale de l'arche où Jérôme file sa vie, le décor, le pseudo-décor, fait voir une ville imprenable. Tours, murailles, créneaux, machicoulis. Et la fait voir deux fois, par une épure d'architecte. De profil et debout. Au sommet d'une roche aérienne, l'acropole défie l'assaut en haut des verticales. A plat, dans la ganse du fleuve,

11

cruelle et protégée par l'hiatus de l'eau. Deux projections, comme on dira, d'un même noyau invariant. Géométrie exacte, qui n'est pas encore descriptive, mais que les constructeurs savent manier depuis l'Égypte, que le peintre exécute à la perfection depuis toujours, de la Sainte Ursule aux Esclavons. Plusieurs rabattements sur une même feuille, même si n'est pas dominée la législation du rabattement. L'épure, ainsi nommée malgré les inévitables bavures, dit l'isolat ou l'insulat. L'inaccessible. Le forclos. Héritiers soumis à la catastrophe intimiste, nous dirions l'autisme. Mais cela demeurait dicible dans et par l'espace du monde, était constructible parmi les artefacts. Où la géométrie ou ce qui en tient lieu convient à ce vécu bien nommé l'incommunicable. La ville forte est impénétrable ; et par l'angle plat que fait sa muraille avec la falaise et par l'angle droit que sa forteresse dessine sur l'eau. Muraille et tour avant les ponts, nid d'aigle avant les cols. Silence de tous avant toute conversation. Dialoguer ou jeter un pont entre les rives intouchables. Les ceintures de solitude. Le monde est bouclé d'abord.

Où la géométrie de l'architecte et les courbes de niveau qui modulent l'espace conviennent au sacré. Qu'est-ce que le sacré ? C'est un espace clos. Dessiné comme un temple par la baguette rituelle, entouré d'un sillon, verrouillé de murailles, circonvallé par l'eau. La clôture conventuelle, mondiale mais extramondaine. C'est aussi la verticale hardie cherchant à scarifier le ciel, tisonnant le mystère du haut. Sacrifier, scarifier. L'échelle de Jacob, le pilier, flèche, montagne sainte, pierres debout et ziggurats. Acropole, hiéropole. Les historiens des religions, avertis de ce double dessin, n'ont pas vu leur identité par un rabattement. La pyramide est un clocher, elle est aussi une clôture. L'espace du sacré, horizontal ou vertical, est invariant par tous les sites : nombril ou colonne. Lieu transcendant intramondain, d'ici et inaccessible, interdit et passage, accès. Un porche, un pont, mais un abîme. La ville forte au creux de l'eau ou suspendue sur l'éperon. Épure. Cité de Dieu, chemin du ciel. Clôture et voie, de la sacralité. Silence et dialogue. Mur, ville et port, avant, que naisse le bruit, dans la plaine. Autisme et voix clamant dans le désert. Circonférence et fût, masculin féminin. Gestes fondus depuis la nuit blonde au croissant fertile, analysés, différenciés par nos faiblesses. Le monde et la mysticité, l'espace et la parole, la rigueur et le désir, tout ensemble par le clos et l'ouvert. La conversation de toutes choses entre elles. Et Jérôme surplombe le tout, pour nommer la fusion de sa voix éponyme. *Sacra conversazione*.

Épure au centre du tableau, noyaux durs de l'inaccessible et foyer de l'espace elliptique dessiné par l'arche arcade improbable de Jérôme. Incommunicable silence. Le sacré archaïque sans la conversation. *Purissima, castissima, inviolata, intemerata*, maison d'or, tour de David et tour d'ivoire, arche aux arcanes, d'abord, la Madone, avant de devenir arche d'alliance et porte du ciel. Vierge espace impénétrable, au centre de l'espace, sous la cité fortifiée, l'acropole, femme forte, fermée comme une tour, en silence et les yeux baissés, ici, ailleurs. Le culte virginal répète pour le corps, et le corps de la femme, les figures que l'histoire des religions inscrit inlassablement sur le monde et l'espace objectif depuis l'aube noire des temps. L'espace utérin concentre la leçon et la subjectivise. Espace clos, *templum : inviolata*. Pilier du ciel et ziggurat : tour de David et tour d'ivoire. Le culte virginal comme anthropomorphisme des figures anciennes, comme projection somatique et génétique des vieilles légendes. L'histoire des religions avance vers nous du fond des temps, du fond du tableau, de l'imprenable cité au corps intouchable. Elle avance vers nous, sous forme litanique. La Madone, prosopopée itérative de l'espace des sacralités. Généalogie des religions, extase répétitive et transhistorique. Chaste, pure, sans tache, le mur, la tour et la maison. La séquence litanique part du fond de l'espace et du début des temps, elle s'enchaîne droit vers nous, dans le dos de la vierge. Porte, *janua coeli*, l'arche de Jérôme, comme la porte ouverte à la cité de Dieu. Siège de la sagesse, où elle est assise, *sedes sapientiae*. Rose mystique dans la main. Devant, à droite, arche ou coffret, le vase, la boîte est ouverte. Au centre la Reine, des patriarches, des prophètes et des saints, la chaîne litanique finit à l'agneau de Dieu. Espace répétitif et linéaire qui aboutit à la femme, par généalogie objectivée, séquence qui traverse les plus anciennes religions. La généalogie récente par hommes et femmes corporés, se trouve étalée devant, perpendiculaire à la chaîne. Celle-ci, généalogie par objets, ou répétition litanique, plonge droit devant, vers le fond. La tradition testamentaire s'adosse à tous les archaïsmes. Carpaccio récite simplement la séquence que Sixte Quint approuvera quelques années plus tard, vers 1587. Il la récite, peut-être, comme prière, comme répétition essence de la prière, mais nous ne pouvons plus ne pas la lire comme genèse d'une formation culturelle.

Cette leçon nous fait passer des objets au sujet, de l'espace au corps, du monde à l'homme. Investir dans le corps féminin les réseaux sacralisés de la terre. D'où cette nouvelle lecture : l'arche, porte du ciel, où le lion est apaisé, voici de l'anatomie pure et simple ou, comme on le dit, fantasmée. L'hymen est vu de face, au fond, à mi-hauteur de la falaise, il s'écrit de profil, au milieu du pont de Jérôme, et se répète de trois-quarts, au centre gauche, en haut, à la terminaison du tablier. Tout à coup, oui, je me suis trompé, tout le dessin est féminin, globalement, localement, ou virginal ou maternel. Espace des géométries ou des sacralités, changement de décor, espace érotisé par les béances itérées de la porte du temps. Oui, *janua coeli*. Nouvelle généalogie des religions, discours électifs des actes d'amour, comme dit Feuerbach ; de l'ouverture de la vulve, comme dit Ezéchiel. Portes fermées à la ville inviolable, portes ouvertes dès que Jérôme vient. La litanie répétitive du désir occupe l'espace. La porte, l'arche, le porche, le pont. Et tout le tableau n'est qu'un pont. Ville forte, non, ville ouverte. Les arches des ponts enjambent le volume bleu-vert de l'eau. Vierge, non, mère. La table au-devant est un pont. Et Jérôme vit sur un pont, et confesse devant une table pont. Que domine la mort, pont du diable. Et la machinerie de droite ouvre et ferme le pont, de sa manœuvre à balancier. Au paysage, des cols et des passages. Que si, un jour, vous avez fait l'amour, vous savez que Carpaccio, cinq siècles avant le Miro des *Amants*, à Philadelphie, a placé, comme il convient exactement deux portes, l'une devant l'autre, comme celle immense du saint, et celle, plus étroite, du saint des saints, ouvrant sur le ciel, secret précieux rarement dit. Alors, devant, la femme, vierge et mère, s'adosse, il le faut bien, à la femme de la femme, qui elle-même tient secrète la femme de la femme de la femme. Toute la litanie reflue au point de fuite, et s'invagine à son repli. L'espace est amoureux, c'est la Sainte Conversation. Où la racine est au préfixe.

●

L'espace est géométrie. Ville debout, ville en plan de profil, rabattements, cette même chose, le pont ou la féminité, vue de plusieurs sites. Vous êtes à la fois sur le pont et sous lui, à son niveau, la table, et assez loin pour en voir deux ensemble. Le tableau tabule une complexion de projections possibles. L'espace est moins perspectif qu'à plusieurs entrées projectives. Multiples versions de quelques invariants, conversions lorsqu'elles sont prises ensemble, conversation. La géométrie comme art des transformations, comment la définir avec une meilleure exactitude ? Conversation, transversation.

L'espace est histoire ou récit, vie de Jérôme au cours du temps, et sa figure, répétée dans ses actes. L'aventure temporelle de la sainteté traverse comme une arche l'instant immortel où le Verbe apparaît. Image mobile de l'éternité. L'histoire enjambe, comme un chemin aérien dangereux, la plaine stable où commence l'incarnation : part d'elle, s'élève, inquiète et suspendue, y revient dans l'apaisement et la mort. Ma vie éperdue, ce passage fragile. Dans toutes les chansons populaires, les ponts s'écroulent à la première danse inattentive. D'une rive à l'autre, tremblant. Le garde-fou branlant.

L'espace est sacralité. Isolats forclos, ville emmurée,

hiéropole et accès au ciel, couronne en haut de la montagne sainte, fleuve bleu vert en cercle autour de l'insulat des tours, utérus virginal, ceintures, clôtures conventuelles pour la cité, saint Jérôme et la Vierge. Pont, les emblèmes du passage entre ici-bas et l'autre monde, marches d'autel et marches du confessionnal, chemin lacets vers le sommet du col Carmel. Jean, la voix du chemin, Jésus, je suis le verbe, je suis la voie. Spatialité complète du sacré. Puis espace de prière. Tous personnages en prière, être répétitif de la prière. D'où la spatialité litanique, l'essentielle répétition. Tour d'ivoire, tour de David, porte du ciel, rose mystique, arche d'alliance. La complexion du projeté, la répétition de tous sites convient au chemin circulaire de la litanie, comme au clos-ouvert, au nombril-pilier de l'espace sacré.

L'espace est érotique. La Madone, vierge mère, et tous les attributs de la féminité. Ville qui dort au creux des eaux, porche-bassin, l'hymen vu de tous angles, la boîte ouverte, la femme arche d'alliance. Des précisions anatomiques aux lignes courantes dans le champ du désir. La sainte conversation est tout bonnement acte d'amour. L'espace est celui des rencontres, il suffit de passer le pont, nous irons tous les deux ensemble, coït.

L'espace est linguistique, au milieu de sa mutité. Il trace la genèse du verbe. Il n'est que diagonale du dialogue, carrés croisés de lignes transversales, les deux ponts alignés traversent le fleuve deux fois et désignent la cité comme nœud du passage, l'arche de Jérôme traverse le tableau de son tablier, le verbe est au centre ou au nœud du double carré de ses personnages. Quatre figurines parlent au bord du fleuve, quatre confessent au voisinage de la mort, et quatre deux fois font naître la parole. L'espace du langage est quadrangulé, le dialogue est diagonal.

Géométrie, architecture, perspectives et projections, déjà ici l'espace est *nombreux*. Il multiplie les sites et les graphes. Historié comme une chronique, répétitif par là, il multiplie les positions du même, non plus l'objet, mais le sujet : présentation d'une aventure sainte, biographie, hagiographie. Tout comme si Jérôme, passant le pont de gauche à droite, voyait la ville de tous côtés, d'en bas, d'en haut et de tous points. L'ensemble des projections est au fond, l'ensemble des vues est dans le plan intermédiaire. Celui qui passe et voit le tableau, dans sa promenade attentive, est dans le tableau, c'est Jérôme. Chercher la sainteté, porter l'arche autour de la ville, espérer la cité de Dieu, la céleste Jérusalem. D'où la multiplicité, à nouveau, des espaces sacrés : templum isolé, montagne dressée, ponts, passages et nœuds, expressions itérativement reprises d'un noyau invariant. Espaces repliqués de la prière : litanie, redite, répétition. D'où les piétinements de l'Éros, présenté, représenté, par la litanie du désir. Renouvellement, reproduction, la pulsion ne cesse jamais, par les chemins répétitifs, jusqu'au fond de l'espace qui se déplie comme une poche invaginée. Quête et requête indéfinie, qui se déploie devant, dans la présentation stable immobile de l'agapé. Ainsi les lignes transversales, croix qui ferment au premier plan ces buissonnements de l'espace : elles passent et repassent au point central des quadrangles, sans jamais l'épuiser, en le produisant sans arrêt comme pôle, et comme être du verbe. Nombre de points sont en un point, une puissance équivalente à celle des lignes qui le traversent, comme des ponts. Tous les espaces par les lignes, et chaque ligne par ce point. Génération multipliée reprise du Verbe, à partir de tout le possible. Nous disons tous les mêmes mots ; usés comme jetons rapés, nouveaux, quand ils apparaissent entre nous, lumineux. Nus.

Les espaces sont qualifiés, dénommés ainsi et ainsi. Déjà nombreux par la variation elle-même. Nombreux déjà pour chaque région traversée. Tableau comme une table feuilletée, à variétés indénombrables. Ce n'est pas la géométrie seule qui pluralise les espaces. Demeurez là, devant la toile, tout autant de temps qu'en distribue l'histoire : comme d'un arbre, tombe une feuille, à chaque minute de temps ; l'espace foisonne, il renaît de lui-même. Cette peinture est source d'espaces. Elle en produit plus que je ne puis en voir, plus que les yeux de ceux qui sont passés devant depuis le Cinquecento n'ont pu lui arracher. Kaléidoscope : à l'endroit du tuyau où ma main tourne la molette, Jérôme fait le tour de son arche-pont et bouleverse le spectacle. L'œuvre belle est, au minimum, cette multiplicité transfinie active de l'information, cet empilement de feuillets. L'histoire est moins nombreuse qu'elle. Non point immortelle, comme on disait jadis, mais inusable. Un petit nombre, le temps, ne peut en absorber un grand, cette information ici déposée en replis comme inaccessibles. C'est peut-être cela que nous avons perdu, le travail en oignon ou en artichaut. Le travailleur a peur du temps depuis le XIXᵉ siècle, son travail le déploie, dominé par lui, au lieu qu'ici, Carpaccio le replie et l'enfouit dans la boîte. Ouvrez la boîte, il se déplie, domine de son nombre le temps réel. Plus de leçons que de stances chroniques. Mon discours virtuellement interminable bourdonnant comme essaim autour de ce mètre carré où s'entasse le transfini. L'île au trésor. Spirale implicative de l'œuvre. A la tracer dans l'autre sens, on dit, écrit ou peint, à mesure ou dans l'ordre du temps, mot à minute, on n'y résiste pas. Travail confié au sens irréversible de la dégradation, cet irréparable inventé par la révolution industrielle. La Renaissance prend le Temps Perdu dans l'irréversible contraire, le temps de l'âge d'or au dire de Platon. Jusqu'à l'ensemencement du Verbe. Jusqu'à la densité surnaturelle du puits. Ou le travail dilapide, il est une séquence de la force et de l'énergie ; alors il déplace, et il suit le temps dans un espace pauvre. Ou il remonte jusqu'à sa propre source, à l'ergon et à la puissance, et s'installe à la source du temps. Alors le fleuve peut bien couler sous les ponts, le travail est la source du fleuve. L'œuvre va du vieillard à l'enfant, de Zacharie, ou Joachim, au nouveau-né, des bords au centre, des multiples versions de la conversation à la semence. Travail dilapidant ou travail lapidaire, nul ne travaille en vrai s'il ne pousse une pierre au haut de la montagne. Le reste est cette loi universelle de la chute sans code. Carpaccio ou le travailleur, enfermé dix ans pour dire Sainte Ursule. Dans sa cellule avec Augustin, seul.

●

Ils sont quatre autour de la table sainte. Quatre en toute rigueur et toute exactitude. Il faut rappeler que tout dialogue mobilise un diagramme à quatre stations : les deux locuteurs, quels qu'ils soient, un tiers à exclure pour que la communication devienne possible, et un quatrième homme qu'elle produit, qui entre en jeu dès que réussit la conversation. Il arrive que ce soit lui qui parle et lui seul, dans le silence pacifié des interlocuteurs. Telle est la maille élémentaire carrée du réseau fondamental plongé dans l'espace de communication. Je montre ailleurs sa présence constante dans la forme dialoguée de la philosophie platonicienne, qui est l'un de ses lieux de formation. Ils sont quatre autour de la table pont, oui, quatre seulement. L'Enfant Jésus et Jean-Baptiste s'entretiennent, c'est la sainte conversation. Celui qui comble les vallées, celui qui arase montagnes et collines, qui redresse les chemins tortueux, celui qui diminue lorsque l'enfant de Dieu s'accroît, oui, celui-là est un pont. Celui qui abolit la Différence a sa place à la tête du pont du dialogue. Voici le pont tracé, bâti, construit, absent et répété entre leurs bras ouverts. Passage et chemin de la rive d'ici à la rive d'ailleurs, ici présent non reconnu. Ils sont enfants, et le mot dit qu'ils ne peuvent parler. Or, voici qu'ils dialoguent. Et Jean, dès qu'il aura porté témoignage du Verbe et de la lumière, ira rejoindre, sur la table du fond, à droite, où Jérôme confesse, la mort et la tête de mort, par les méfaits d'Hérode et d'Hérodiade. Il faut qu'il soit exclu. Et la loi est marquée sous l'arche de Jérôme. Carpaccio pontifex a compris ceci qu'un dialogue pont ou chemin, le chemin tortueux en haut à droite, redressé par la fusion des différences, qu'un dialogue devait être jeté comme une diagonale entre deux locuteurs, bordés, à gauche et à droite, comme en sautoir, par deux autres stations, à fonction forte dans le diagramme dialectique. Peut-être font-elles couler un fleuve que le dialogue pont a charge d'enjamber ? Les voici donc, de part et d'autre, de la rive haute à la rive basse, les deux angelots nécessaires, à cymbale et à épinette, induisant un flot de musique au milieu de la diagonale et la croisant de son courant. Le fleuve passe au pied de la ville forte, elle n'est plus impénétrable, les deux ponts à trois arches (d'alliance) y donnent l'accès. Les cordes et le métal vibrant sonnent entre les deux enfants, qui dialoguent par et contre ce bruit de fond. Quand je parlerais les langues des hommes et des anges, si je n'ai pas la charité, je suis un airain qui résonne ou une cymbale qui retentit. Le Verbe traverse la musique. Sans la charité, il n'y a pas de gué, il n'y a pas de pont. Des signaux blancs, dans le désert clamant.

Or, la position spatiale du groupe indique assurément qu'est encore inexacte la description. Les quatre enfants nus ne sont pas en diagramme carré, ils forment un triangle. Il faut le compléter. La démonstration recommence : le Baptiste, la Vierge et les deux angelots sont aux sommets d'un quadrilatère, Jésus est assis à l'intersection de ses diagonales. Sur le fleuve signal et le pont charité. Alors, le schéma est complet. Le Christ est à l'intersection. Intersection, c'est à dire produit. Produit par elle comme chair et par lui comme précurseur. Par le corps incarné, par la voix solitude clamant dans le désert. Le dialogue produit le Verbe. La communication produit le Verbe. Dans sa chair *signifiée*, dans la chair de son sens, dans son appel *signifiant*, parmi l'espace vide et blanc, dans le *signal* de sa musique. L'être du Verbe, au centre, analysé au creux de son étoile diagonale, parole en croix, par les prosopopées de ses éléments fondateurs, la vierge chair, le baptiste clamant, l'acoustique pure du signal, cordes et choc, frémissements. Et pour que nul ne s'y trompe, pour que le lecteur du récit emblème lise précisément qu'ici le Verbe se fait chair, que le carré tracé dans l'intersection de ses lignes est bien *génératif* de la Parole, la vierge, en sa main gauche, porte et fait voir un fruit, redondance de la figure, un fruit parmi ses

feuilles, un fruit enveloppé développé dans ses racines aériennes nourricières, une pomme sans doute : Eva, Ave. Une pomme, sa chair fermée secrète, sa forme symbole et les frémissements de sa couleur. L'engendrement du Verbe, la généalogie de la parole, tradition religieuse et vérité analytique par le carré génératif, ensemble. Le Verbe est le fruit de la sainte conversation, le verbe est produit dans et par le carré génératif. Être du message, substance créée par communication. Au centre des ponts. Il va pouvoir parler tout seul, inengendré dans sa somme. Parler pour tous, désormais silencieux. Vierge aux yeux baissés, paupières lourdes, naïve, ignorante et lasse, désormais laissée à sa mutité : chair du *sens* objectif, chair de nouveau fermée sans le pont de la voix ; et le sens sans voix reste vierge. Inviolé. Dans les entrailles noires des objets. Et il faut bien qu'elle demeure vierge, puisqu'une fois le verbe né, le signifié se retire, arbitraire dans la relation. Mais s'il n'y a pas d'objet, Jean la *voix* clame dans le désert vide et blanc, il *baptise* inutilement le sable indifférencié. Voix sans chose, baptême sans fils. Reste le bruit, le premier *signal*, sur le désordre aléatoire de l'herbage, la musique des angelots, sans baptême de voix et sans chair objectaire. Chair sans voix, vierge tacite ; voix sans chair, Jean au désert ; signaux frémissants. Tous ensemble, à la croix diagonale : Verbe.

Récit que je raconte à plusieurs voix : si vous le dites par la généalogie de Marie, le discours est testamentaire, il est dit religieux ; si vous le dites par le carré des dialectiques, le voici grec ; si vous le dites par signaux, signifié, signifiant, le voici amené à nos propres rivages. Et ainsi de suite. Voilà : ils sont tous isomorphes. J'avais noté que les stratégies neuves retrouvaient la transsubstantiation comme paradigme optimal. Il était fatal que la généalogie du verbe, son annonciation corporée, son annonce vocale, reflue un jour devant nos pieds. Faut-il que l'histoire soit lente pour que nous changions d'univers, dans l'immobilité.

•

La boîte devant, le coffret. L'arche. Arche du pont,
arche d'alliance, arche secrète. Fermée, elle aurait forme
de carré. Ouverte maintenant, couvercle fixé sur une tige
d'appui : rectangle, lignes quasi diagonales, intersection.
L'appui ou le pilier du pont. Ville ouverte, portes ouvertes, vierge mère : la boîte à tous les dons a livré ses
secrets. L'arche est déverouillée.

•

Ils sont quatre autour de la table pont, centrée par la
ceinture de la vierge. Quatre en toute rigueur et toute
exactitude ; quatre, comme répétition du carré des
enfants à une ou deux générations de distance. *Carré
génératif du carré génératif.* Engendrement charnel de la
chair et de la voix qui ont engendré la parole. Or, la
désignation des locuteurs muets ne va pas sans difficul-
tés. Les femmes sont Elisabeth et Anne. La mère du
baptiste, la mère de Marie, mère de la mère du Christ.
Chacune à sa place dans la génération croisée du verbe
de chair et de la chair du verbe. Pour les hommes, on
peut hésiter. A la gauche d'Elisabeth en prières, lisant le
texte, Zacharie ? Celui dont Luc raconte qu'il demeura
muet jusqu'à ce que s'accomplisse la parole. A la droite
d'Anne, Joachim, son mari. Si peu connu que les textes
canonisés n'en parlent pas. Dans l'arbre généalogique,
dans le processus génératif par quadrilatères emboîtés, il
y a un absent : Joseph. Ou si Joseph est l'un des deux
présents, il manque alors ou Zacharie ou Joachim. Quoi-
qu'on fasse, il y a un exclu. Ou absent du tableau, ou peu
connu des textes, ou muet. Ou bien absent de la conversation, par l'attention portée à sa lecture. Et l'autre
arrive, en mouvement, appuyé sur sa canne et la main
sur la souche (de l'arbre de Jessé ?). Nos anciens résultats
sont à nouveau ici : dans le carré constitutif du dialogue
réel, il y a toujours un exclu. Jean promis à la mort, ou la
mort elle-même, trônant à la table de saint Jérôme. Un

étranger au processus, mais dont l'exclusion et l'étrangeté restent génératrices du fonctionnement dialectique. Comptez les étrangers ou les étrangères chez Platon. Et ceux qu'on exclut, qu'on expédie sous terre, et les pères qu'on tue. Or l'Écriture et, plus, la tradition annoncent que l'incarnation du Verbe se fit et s'accomplit dans l'exclusion d'un homme. Nous savons désormais que ceci est fondamental. Et donc, si le carré central a pour pôle Jean et la Vierge, le carré de première génération est composé d'Elisabeth, Zacharie, Anne et Joachim : Joseph est exclu. Si le premier carré a pour pôles Jean et Jésus, le second est formé par Elisabeth, Zacharie, Anne et Joseph : Joachim est exclu. Reste l'invariant : Zacharie. Le muet qui lit l'Écriture. L'essence du message est alors le texte écrit, ce qu'on appelle l'information morte. Le trapèze de première génération engendre l'Écriture *et* cet autre carré génératif qui engendre à son tour la parole charnelle vivante : le Verbe. J'ai dit partout carré, par économie. Trapèze est plus exact, et c'est la table. Oui, la table de communion.

●

La cité de Dieu dans l'éternité. L'omnitude instantanée des sites. L'instant où Jean annonce le verbe au verbe est suspendu, éternitaire. L'histoire est au milieu. L'aventure de Jérôme sur l'arche, pont dangereux du temps sur l'espace immobile. Errant sur la fragilité, il voit la ville de tous les angles, d'où les projections de l'épure. Traversant de sa vie risquée l'espace éternitaire, il peut voir Anne, Zacharie, Elisabeth et Joachim. Mais il ne peut pas voir Jean-Baptiste, ni la Madone, ni l'Enfant. Dieu vivant invisible et caché. Ne voir le trône que de dos. Il est plus facile de se faire une idée de l'éternité que de sa tangence à l'histoire, de philosopher sur les arrière-mondes ou l'origine que de vivre l'incarnation. Saint Jérôme lit ou écrit, les livres sont là, sur la table, déjà rédigés à l'école des Esclavons, il est aveugle au Verbe vivant.

L'histoire au milieu. La vie entre l'incarnation et l'immortalité. Discours de front, de la mère à la ville, perçant l'espace droit devant, traduit du côté gauche au côté droit, par le passage, la vie est un passage, sur un pont improbable enraciné dans la plaine éternelle. Vie par stances, circonstances, marquée de stades, c'est le soir de la vie accomplie. Complies. *Vigilate : quia adversarius vester diabolus, tamquam leo rugiens, circuit, quaerens quem devoret ; cui resistite fortes in fide. Et conculcabis leonem et draconem.* Le lion sera dompté, il baissera la tête devant ta chaussure*. Sortir de la solitude, rencontrer le lion, passer la porte étroite et la planche vertigineuse, descendre le couloir ombreux, mais avant de fouler la plaine, voici la mort. *In manus tuas commendo spiritum meum. Nunc dimittis.* Strophes vitales marquées par les strophes des psaumes, Jérôme ou la vie par l'Écriture.

La même leçon revient pourtant, irrépressible. Le saint est dans sa tour d'ivoire, seul avant de passer le pont. Erémitisme virginal et imprenable. La ville au milieu et ses ponts à gauche et à droite. La chartreuse à gauche et le pont au milieu. Invariance du sens par déplacements dans l'espace. La vierge inviolée silencieuse accouche du verbe, donne sa chair à la parole. Le cénobite quitte l'espace clos, risque sa vie sur la passerelle de bois, il descend pour parler. Anabase de l'anachorète. Et maintenant, le mouvement inverse. Il était monté vers l'espace imprenable et il avait coupé les ponts. Voici qu'il les rétablit, qu'il comble les vallées, comme Jean, et qu'il descend parmi les hommes, au risque d'y trouver la Mort. Du désert à la voix. Il invente la conversation sainte. Anachorète, le mot du tableau. *Chora*, l'espace, oui, celui du tableau. Séparé, forclos, élevé, sacré comme le nom propre, Jérôme. Ces hommes ivres de Dieu et de silence. Rompre la mutité, rompre la solitude, construire un pont. Bâtir le garde-fou, construire la manœuvre, passer. Se retrouver parmi les hommes, presque au ras

---

* *Sur l'épine au pied du lion, Louis Reau,* Iconographie de l'art chrétien, III, II, p. 740-750

de la plaine, à deux pas de l'incarnation, au plus près voisinage du Verbe. Le verbe, aussi, est descendu. Ici-bas.

Ils sont quatre autour de la table mortelle. Quatre en toute rigueur et toute exactitude. Deux se tournent le dos, ils se détournent de la mort, la Mort qui domine les livres. Nouveau carré pour le dialogue, pour la conversation des pécheurs et des saints, pour la communication des mortels, ceux qui ne sont pas sur la plaine. Jérôme et l'autre moine aux deux bouts de la table pont diagonale. Ce troisième qu'il faut exclure, la Mort. Il est nécessaire, il est fatal qu'ils lui tournent le dos. Si je veux trouver un bien propre à être communiqué, je ne dois méditer à rien moins qu'à la Mort. Alors le quatrième arrive, est invité, se lave du péché mortel, il se confesse, il confesse le verbe. La loi universelle du dialogue, mise en place un jour par les Grecs, est de nouveau présente, efficace, observée. D'une sainte conversation à l'autre. L'essentielle ou l'originaire, l'existentielle ou historiée. Comment le platonisme est-il si bien parvenu juqu'à nous, porté sur une tradition néotestamentaire ? Ils exprimaient la même loi, l'un par un fonctionnement textuel, et l'autre par des prosopopées de chair, par des images ou peintures. Voyez ici l'espace : tout chargé d'archaïsmes, construit par la religion dominante produite en sa généalogie double, mais traversé des lois de grécité. Espace de la Renaissance.

●

Partout des ponts, partout des diagonales. Pont, emblème religieux du passage, universel de l'Inde à l'Iran, du croissant fertile à l'Occident latin et médiéval. Version universelle de la conversation. Des pontifes aux ponts du Diable, de Sumer à Cahors, en passant par Venise.

Venise port, Venise ponts. ville forte du fond, cellule élémentaire de l'espace vénitien, multipliée sur la lagune, où le peintre vit et travaille. D'une rive à l'autre, de ces volées de marches à l'escalier d'en face, de cet îlot à l'autre îlot, de cet espace à l'autre monde. Lieux coupés, fermés, forclos, lieux disséminés, archipel incommunicable. Des pierres dans la mer, vase, boue, et limon. De cette étendue décomposée, muette et inviolable, faire la Porte de l'Orient et de l'Occident. Réveiller la Grèce, accueillir l'Égypte, recevoir le Soleil levant, parler la multiplicité des langues. Retourner la situation comme un gant. Transformer tout un archipel, réseau d'eau, solutions, en un réseau de ponts, le tableau. Miracle de Venise : localement fermée, projection du commerce mondial. Version spatiale, économique et linguistique, de la conversation. La croisée des chemins : grille des ponts orthogonale au filet des canaux. Diamètres, diagonales.

Tous les matins l'espace est en morceaux. Distribué de châteaux-forts, d'insulats et d'îlots, d'anachorètes et de vierges. Désert pierreux des inviolables, où clame la voix. Fleuves, murs, fermetures. Tous les matins, jeter les ponts. Franchir l'abîme ou enjamber les eaux. Lancer les diagonales en étoiles au risque de la mort. Rubans de fragilité trémulant au-dessus du vide, et deux lattes de bois pour garder les fous. Des différences disséminées de l'archipel à l'ensemencement du Verbe. La nouvelle cité, la nouvelle Jérusalem, la nouvelle Venise. Le nouveau monde. La conversation. La biche lèche le cou du cerf.

VENISE

Saint Georges lutte contre le Dragon

Rouge et noir

Architecture au tire-ligne, perspectives ordonnées, naïvement tracées sur l'échelle des arbres, lointains de miniaturiste soigneux, panoramas ruraux, portuaires, urbains, logiques dans l'excès de l'imagination. Harmonie.

Monstre, combat, gisants, lance brisée, souche d'arbre rompue, corps morcelés, pont fragile. Cassures.

Retournement inattendu des hypocrisies culturelles : l'ordonnance parfaite est derrière et la crise tragique de la rupture, devant. Sérénité refoulée ou produite ?

Le héros Saint Georges à la cuirasse noire. Non à la couleur, le non noir, non à l'espace, la cuirasse. *Negatio determinatio :* par le terme le bord, la frontière et la fermeture. La détermination dans la clôture du dessin, et par l'absence de couleur. Négation stable des murailles, des forteresses à créneaux, des enceintes de l'acropole, de l'île, des vaisseaux, des tours et de la carapace. Chitine articulée de l'insecte négatif. Noire. Depuis les Pythagoriciens qui appelaient le plan couleur, depuis Descartes, Berkeley, Husserl, et le sens ordinaire, on sait qu'il n'y a de couleur que s'il y a de l'espace. L'un est l'invariant de l'autre : l'espace est toujours coloré, la couleur est toujours spatiale. Dites non à l'espace, vous dites non à la couleur. Que si vous fermez une boîte, c'est une boîte noire. Si vous fermez un four et son rayonnement, c'est le rayon noir. Non deux fois, mais une fois suffit, et la cuirasse est noire.

Héros à la lance. Porte-épée, deux fois doryphore. Et les dents du dragon, nos ancêtres thébains, les griffes de ses serres. Non à l'ennemi, sus à lui, non au danger, l'attaque, toutes pointes dehors. Incisives contre javelot, sabre contre ongle. Deuxième négation, la négation action, la négaction. Par le vecteur, la traversée, la flèche ou déchirure. Aigu, acéré, tranchant, effilé, incisif, extérieur, l'aiguillon. *A daemonio, a sagitta volante*. Le monstre sagittaire et la violence sagittale. Négation extrémale de la pointe qui perce. L'extrême des couleurs et la pointe brûlante du spectre. Pille, casse, tue. Chaud et rouge. La lance est rouge. Et le sang chaud versé de la mâchoire.

Le cheval vecteur harnaché de rouge. Flamboyant à l'acmé de l'entrée en mêlée, au sommet spatial arrêté de l'essor musculaire. Où le choc se résout en flammes. Le prince noir bouclé, stable, incliné un peu sur selle rouge. Au point-selle : maximum de l'action-négaction, haut du bond, instant du contact ; minimum stable de clôture. *Le point de l'espace où la détermination prend d'un coup ses deux sens :* l'enfermement dans la cuirasse défensive, la stabilité, l'équilibre entre l'effort de l'arme et l'élan du cheval, et, d'autre part, la décision d'attaque. Délimitation, entraînement. Fixer, produire. D'où le noir sur le rouge : la négation fermée sur la négaction, le non statique sur le non dynamique, l'équilibre sur la catastrophe. Alors la lance est rouge à poignée noire, elle est rouge à segments noirs, il est fatal qu'elle casse au rouge. Point fixe de crise et de catastrophe sur les deux déterminations. La femme debout, à droite, est cuirassée de noir : je suis vierge, protège moi du monstre, de violence et de viol. Et sa carapace d'insecte est enveloppée d'une robe rouge : tue-le. Elle dit deux fois non : pucelle à cotte, égérie de mort. Deux fois déterminée, debout, tranquille, mains jointes et semblant méditer, fixe derrière la bataille, mère de la bataille. Déterminante.

●

Le non double. Défensif dans sa caque et sa coque, offensif vers la flèche de son vecteur. Les négations devant, par le noir et le rouge. Allez au fond, l'affirmation hésite, tremble et tente de naître. La forteresse orientale, porte du Caire sur le port, précède le palais élégant aux balcons ouverts, où émerge le blanc. Les figurines au spectacle, sur les terrasses et les ponts, sur les chemins, au bord de l'eau, plus ou moins appuyées au blanc, sécurisées par les limites. Derrière, en effet, la ville forte, au haut du mamelon, encadrée d'arbres noirs. Et ces falaises improbables, à surplombs imprenables. Timide vie, timide oui résultant des couleurs, oui blanc à l'état natif dans la sécurité creuse du noir et du rouge, protégé par les nons.

Négation noire, négation rouge. Tableau noir et rouge, le rouge et le noir. L'ocre fondu partout, la terre résultante, le monde naturel, culturel, humain, végétal, minéral, composé, fondu des couleurs réactives. La totalité des choses produites par deux principes du refus.

●

D'où vient qu'il existe *une morphologie spatiale et chromatique de l'opérateur négatif*. Le plus simple des foncteurs, celui, justement, par qui, dit-on, tout peut être engendré, se représente simplement dans un espace de configuration, sur une gamme colorée. Il les produit, peut-être. Cela, nous ne le savions plus. Carpaccio, celui qui souffre dans sa chair, nous le réenseigne. Cette morphologie est double. Car il y a deux négations, fondamentales et distinctes.

La première est d'enfermement ou de fermeture. La définition spinoziste, *determinatio negatio*, c'est-à-dire la *définition* tout court, indique un schématisme clos. Elle nous fait tracer des bords, des limites, des lisières, des plages, des fins. Nier ou définir sont des opérations logiques. Mais Spinoza voulait un *mos geometricus*, une géométrie, c'est-à-dire un espace, un dessin. Dès lors, déterminer ou définir désignent une graphie. Pourquoi, autrement, les nommer ainsi, par terme ou fin ? Une périphérie fermée, homéomorphe à une circonférence, par exemple les cercles d'Euler. Ce qui est là, dedans, n'est pas ce qui reste dehors. Logique et topologie de l'inclusion et de l'exclusion. Première opération ou premier graphe du connaître : hors le découpage, hors l'exhaustion du défini, hors la clôture de la propriété, hors les axiomes de fermeture, le savoir fuit, comme irrattrapable. Ou bien, c'est le complément, le complémentaire, le négatif. Malebranche : ma tête n'est pas mon bras, n'est pas ma jambe, n'est pas, n'est pas. Ce qu'elle est, c'est de ne pas être l'ensemble universel des complémentaires. Elle dit non au monde entier. Nul ne sait rien et nul n'est rien sans dire ou dessiner ce non. Premier geste réactif de l'être et du connaître. Cuirasses noires des princes et des vierges, terre et mer, vaisseaux de haut bord, châteaux, falaises, cités à courtines obsidionales. Ainsi le premier qui ayant enclos un terrain s'avisa de dire : ceci est de propriété telle et telle, et non d'autres, et trouva des gens assez avisés pour le croire, fut le vrai fondateur de la société intellectuelle. Ainsi *toute thèse est-elle négation*. Ceci est posé, défini, déterminé, non autre. Lisez Kant, par exemple : aux deux premiers paragraphes de l'introduction à la *Critique de la raison pure :* toutes ses définitions sont négatives. Et ainsi de suite. Cuirasses noires des vierges et des princes, châteaux et tours, falaises imprenables. Ce que je veux, c'est ne pas être pris.

La deuxième morphologie est sagittaire ou sagittale. C'est la négation efficace ou militante. Elle ne boucle pas des murailles, pour former le creux d'un dedans, mais nie activement, dehors, bouleverse et détruit. Intensive et intentionnelle, dirigée, vectorielle. Déchire les enveloppes, rompt les ensembles clos, attaque, vise, obtient la catastrophe. Elle est bien *determinatio*, mais dans le sens de décision, parti, résolution. Elle incite et provoque. Flèche, javelot, dard, lance, griffe, incisive. Mathématique sagittale du vecteur. Cette action de nier, d'abord, est un opérateur dialectique. Mais pour une morphologie spatiale, elle est représentable par tout ce qui est ou provoque une déchirure dans les homéomorphies, l'aigu fracturé de la catastrophe. Arme rouge du soldat, mâchoires, pinces, doryphores. Elle est bien négation de la première négation, la flèche entaille la cuirasse. Morphologie extensive de l'intensif.

D'où une dialectique nouvelle ou, plutôt, la mise en place vraie des vieilles dialectiques, visage réactif du savoir sous ses masques et oripeaux. *Il n'y a pas une seule affirmation, un seul oui, dans les poubelles de nos legs culturels.* Pas un seul oui à décrocher, dans les champs d'épandage, pour le clochard dans le tonneau, le cynique dormant dans la tonne du oui. Toutes ces constructions et tous ces monuments se sont formés *par le travail du négatif contre lui-même.* Par le vecteur de négaction déchirant la cuirasse et la définition. Par enveloppements et catastrophes. Par tunique et crevasse. Dialectique lance-cotte. Le non de la muraille et du cercle, le non dit ou fait à ce non, par le canon et le trajet droit des sagaies. Courbe close et vection. Ainsi autant qu'on veut pour produire le temps ou notre histoire ethnologique. Pure dialectique, pure logique des nons alternés à la chaîne. Dialectique des deux déterminations figurée par le *mos topologicus*, cercle et flèche, mathématique ensembliste et sagittale. Habillée à la Carpaccio, robe rouge de vierge au caparaçon, javelot rouge du prince noir. Suture et coupure, *more topologico demonstratae*. Chromatiquement exposées.

Riez avant que de pleurer. Georges n'a pas détruit le dragon. Un pas de plus, aux Esclavons, et vous le retrouvez en laisse. Il va très bien, merci. Sa blessure à la gueule et au crâne est en voie de cicatriser. Que feraient-ils, ces hommes et ces femmes, ces princes et ces reines, ces tambours et ces trompes, en robe rouge et toge noire,

sans le dragon ? Sans le retour constant du refoulé ? La logique des revenants. Où mettraient-ils leurs négations ? Pourquoi, sans lui, se fermer dans des murs et pourquoi forger des épées ? Voyez, au *Triomphe*, comment la bête en caoutchouc est au fondement du temple hexagonal à coupole ronde. Sous le sabre pointu et la bâtisse close. Comme la condition des deux morphologies négatives, qui se retournent chromatiquement, la lutte finie : noire est l'épée, rouges les toits. La société s'approche, les spectateurs sont là, l'ordre règne, duc au cheval blanc, notables chamarrés, orchestre. Georges n'a pas lutté contre le dragon. Le combat dialectique n'oppose pas un

oui et un non, le héros et la bête, l'hydre et la belle, raison et déraison, bien et mal, erreur et vérité, le diable et le bon dieu, ces couples de théâtre. Ce conflit est la pure illusion de l'histoire, le vêtement opaque de raison, le décor. La guerre oppose le non au non. La lance aux créneaux dentés de la gueule et les griffes à la cuirasse. Les morphologies du négatif bien emboîtées en chiasme. Complémentaires et presque en équilibre. Match quasi nul, la lance casse à l'instant décisif. La bête est épargnée. Domestiquée, non morte. Georges n'a pas tué le dragon.

La vraie lutte est ailleurs. La bête aux deux nons, peau

squameuse et griffes d'acier, a mis en pièces des cadavres. L'homme et la femme dépecés. Coupés au ras du sexe et les membres; les pieds, épars. Adam et Ève nus, sous l'arbre aux feuilles rares, dormant de leur premier sommeil. Fin et but du travail de ces deux négatifs : trancher sans risque et déchirer, désindividuer, désarticuler, peupler d'indéfini tout l'espace alentour. En face, le héros. Comme dans une glace, symétrique en miroir. Sagittaire devant le griffon, cuirassé devant l'aile osseuse. Centaure bondissant, arqué, dans la même posture que la bête arc-boutée sur ses deux membres postérieurs. Figure partagée, image de l'image, gueule à gueule, queue à queue, gauche et droite de l'arbre, arbre, savoir profond dont nos parents sont morts. Feuilles vers Georges et l'homme, et stériles rameaux vers la femme et la bête. Deux quadrupèdes, une seule arche, *arché*, voici qu'elles font le *pont*. Le même pont qu'au fond, à droite, sous les arbres, penchés dans le sens inverse, par compensation. Un pont en équilibre, immobile depuis le XVᵉ siècle, stable depuis l'aube du temps, une arche, un pont, un soutènement, une fondation. Fondement majeur du savoir de l'arbre, sous lequel se disloquent les morts. Non le pont de conversation, pour le oui partagé à l'Annonce du Verbe, le pont du diable, le pont des doryphores, le pont des nons. Les deux piliers jumeaux. Face à face optique et statique. Écaille et carapace, serres et javelot. Georges, comme la bête, porte bien les deux négatifs, dans la gemellité du monstre. La fin, le but de son travail, c'est aussi les membres épars. Souffrir ou mourir de saint Georges, mourir ou souffrir du dragon, je ne vois pas la différence. Tout le malheur humain coule, disséminé, sous l'arche de ce pont. Celui qui pâtit dans sa chair, le Carpaccio, celui-là gît sous le cheval, celle qui pâtit dans sa chair divine dort son dernier sommeil sous l'ignoble poitrail. Parmi les serpents homéomorphiques noirâtres, parmi les coques closes, parmi les scorpions acérés venimeux. Dans le détail élémentaire des opérateurs négatifs. Dans la menue monnaie éparpillée des deux morphologies. Au milieu des outils et des armes des

40

maîtres. Non, Georges ne peut tuer le dragon sans disparaître comme lui. Pilier contre pilier, même à même, ils se soutiennent l'un et l'autre. Non le maître et l'esclave, mais le maître et le contremaître, comme on dit le fort et le contrefort. Un coup de coude adroit, la lance casse et le jumeau survit. Le pacte originaire des frères associés pour dépecer les corps, ennemis de théâtre. L'ange à l'épée de feu a passé un contrat, sous l'arbre, avec le serpent, son semblable, son frère, a construit un pont pour que nous passions à jamais le Tigre et l'Euphrate, à l'est de l'Eden, sans espoir de retour. Deux bateaux séparés appareillent, sous voiles, l'un grand largue et l'autre au plus près, le second dans le cap de l'homme douloureux, le premier au rhumb de la femme souffrante ; rupture tragique sous l'emprise des maîtres de la négation. D'identiques morphologies sont rapportées en foule aux origines : Romulus laboure et dessine l'enceinte close, il tue de son poignard son jumeau, frère et fils de la louve, qui tentait de sauter le pont, le pont de la louve sous lequel ils s'allaitaient ; il fonde ainsi les sociétés latines et la lignée du *pontifex*. Sous l'arche de ce pont, les corps disséminés, ensemencés dans la douleur et dans la mort. Par les dents du dragon et la lance rouge de l'ange. Carpaccio y est, moi aussi, vous aussi. Écrasés par notre culture.

•

Notre culture ? Oui, car il se nomme Georges. Voyez la première des morphologies, par courbes fermées, espace clos, définition. Elle est un *templum*, une étendue sacrée, au sens de Mircea Eliade. Et Georges est un Saint. Un saint du Bon Dieu. Voyez la deuxième, la sagittale, par force et vecteur. Elle trace les armes de la négation militante. Et Georges est soldat. Le soldat de Dieu. Saint Georges donc, synthèse et produit des deux morphologies ou des deux négations, clerc et militaire, noir et rouge, oui, précisément, le Rouge et le Noir. L'armée, la religion, sous le même statut social et culturel. C'est aux

Esclavons, devant la bénédiction carpaccienne, que j'ai enfin compris pourquoi Stendhal, depuis vingt-cinq ans, me faisait horreur, pourquoi je n'étais pas compris dans le cercle clos défini des happy few. Et des impuissants esthètes, retour de la guerre en Russie, *Armance*. Armance, sans arme. Cela dit, Georges s'appelle Georges, il est un nom, n'a jamais existé. Aussi peu ou tout autant que le dragon. Et tout le monde le savait, même au XVe siècle. Or ce nom signifie quelque chose comme agriculteur. Le soldat laboureur de Dieu comme mythe. Et mythe, je vous prie, fondamental, *puisqu'il groupe en une seule personne la Trinité des trois fonctions au sens de Dumézil*. Jupiter, le prêtre et le saint ; Mars, le soldat combattant ; et Quirinus, le producteur. Saint Georges, un mythe en trois personnes, ou les dieux fonctionnels en un seul personnage. Trièdre vu ici surtout par une face, la militaire, les deux autres légèrement oblitérées, titre et nom. L'intitulé, le mot saint Georges est le nominal donné par Jupiter et Quirinus à la réalité martiale. Ou, si l'on veut et à l'inverse : comment le combat, par lance et cuirasse, protège le rite et la production. Trièdre invariant par rotation et transparence. Alors, oui, toute notre culture est ici présentée dans l'emblème, et tout notre héritage indo-européen. Ce n'est plus un tableau, c'est un cadre, un pattern. La pointe du pinceau a projeté le tout conditionnel, a mis en scène, a placé dans l'espace, tout ce en et par quoi l'ethnie vit et pense. Or, si la représentation se résume en la dialectique des morphologies pour les deux négations, alors cette dialectique des nons est universelle, en ces lieux, c'est-à-dire les nôtres. C'est bien le cas. L'occident rouge et noir, de l'aube au crépuscule. Sans le jour blanc du oui. Sagesse réactive de l'oiseau de Minerve. C'était un dragon volant, ce n'était pas une colombe. C'était un chat-huant, un prédateur. Que l'homme prédant équilibre.

Ce tableau n'est pas un problème, c'est l'emblème des solutions.

●

Engendrement logique d'une chaîne à maillons négatifs. Dialectique pure et simple des nons. Morphologies spatiale et chromatique, par clôture et vecteur, cuirasse et lance, isolat continu et rupture, le noir et le rouge. Mais, immédiatement, le pont, par fort et contrefort. Ces deux morphologies sont d'équilibre et de mouvement, statique et dynamique. Insulats de stabilité dans l'espace-temps ordinaire, flèches des forces en genèse. Point à peu près central, mais vers le négatif de l'arbre des ordonnées : catastrophe locale et instantanée où se brise le javelot. Le point chaud et nodal de l'espace-temps. Soit donc à nouveau la cuirasse noire, la première détermination. Elle n'est pas seulement tracée comme définition abstraite dans un espace calme et blanc, ou un intemporel logique. Elle est articulée, fibrée de ruptures locales, propre donc à changer le dessin. Elle est une structure stabilisée, ici et maintenant, au milieu d'un champ de conflits. Et non pas seulement, par et pour la lutte contre le dragon, comme on a vu et comme on va le voir. Voyez : chaussure à l'étrier, dos aligné sur l'effort du cheval, poitrine épaule appuyées sur la lance. La détermination graphique est en équilibre par l'étoile de ces trois vecteurs. Elle a pris *cette* forme sous les trois pressions. Or le sabre de Georges est parallèle au bond et l'éperon normal à l'étrivière ; donc, à chaque force est bien associée une pointe aiguë, caractéristique du champ sagittal, de la deuxième négation ou détermination. Nous avançons dans l'analyse et parvenons ici aux relations entre morphologies, entre les deux opérateurs, jusqu'alors discrets, de la dialectique. Le noyau fermé, défini, est stabilisé, structuralement stable, mais stabilisé quand et quand, le long du temps, parmi la variété semée de flèches. Inversement, le champ sagittal, sabre, éperon ou lance, ne recevrait nulle efficacité s'il était, quand et quand, le long du temps, privé d'un appui sur un noyau stable, dénué, comme on dit, de points d'application. La courbe de définition est une chréode, modelée, mouvante équilibrée, dans le jeu sagittal, qui, lui-même, se distribue dans l'espace structuré. D'où je reviens à la dialectique primaire : le mot thèse suit son déplacement avec fidélité. Il est géométrique : je place, je mets en place, ici, ceci ; et je place en situation, en ce site. Il est mécanique : je pose, je pose comme stable, et dans tel état, ici, ceci ; je fixe, j'établis. Voilà pour la statique. Et voici pour la dynamique : je produis, je détermine, j'institue, je fais naître. En un mot, je soutiens et je développe. Dessiner un espace, première détermination ; lui conférer un équilibre, une invariance parmi les variations conflictuelles, deuxième détermination. Au bilan, la thèse est négative, toure thèse posée, fixe, et dite affirmativement, est déjà deux fois négative, et négative encore par tous les modèles passés en revue. Ce, justement, qu'il y avait à démontre. Le couple thèse et antithèse est illusoire, comme saint Georges et le dragon, des dénominations mythiques à jamais dénuées d'existence, il n'y a que des antithèses. Des places découpées au sabre, au rasoir d'Occam. Paradis carpaccien à l'ombre des épées. Venise porte de l'Islam. C'est bien le Sagittaire qui se taille un espace. Le bord est continu pour soi mais il scarifie l'étendue.

D'où le produit majeur, sous la voûte de l'arche aux flèches, sous la flèche de l'arche. Sous l'arbre du savoir, voici d'abord ceux qui volent la science. Science duale pour duel. Le héros et la bête à thèses, jumeaux indifférenciables de l'antithèse. Posés, placés, fixés, stables à jamais dans l'histoire, s'appuyant l'un à l'autre. Savoir fossilisé dans le conflit, statue de sel. Toute la connaissance et la culture établies sur ce pont. Vite, voyez le fond : sur l'autre pont, qui passe ? Le pont aux ânes. Le cheval de l'armée, âne bâté de science. Comme si le savoir était du bien et du mal en conflit. Or le bien et le mal en lutte sont duaux, deux maux qui s'approprient la connaissance. Par définition close et production fléchée, cuirasse et lance, les deux morphologies fondamentales. Sous le pont aux voleurs, l'inévitable résultat. La détermination défaite de ceux qui sont nus, sans cuirasse, et le morcellement de ceux qui, sous l'épée n'ont pu stabiliser leur structure vivante. Épars, sans bords, nus, désarticulés, dévorés par l'espace, pénétrés de part en part et jusqu'à la mort par l'étendue ocre. No land's men. Instables, dans la morphologie pure des catastrophes.

Dialectique du vivant, bordé, limité, défini par sa peau, indivis ; décidé d'autre part sur la flèche intentionnelle de son rapport à son milieu. Stable par ces deux négations et ces morphologies. Dès l'instabilité catastrophique, la mort disperse les morceaux, ossements, pierres parmi les pierres. Ils ont perdu leur finitude et le pont de leur sexe. Surtués par le savoir dominateur. Biologie où la vie ne survit que contre les forces de mort.

•

Cette thèse cuirasse, l'antithèse, dessinée dans l'espace et posée en l'état, stabilise une chose et protège un sujet. Par elle, il institue sa niche, il clôt son territoire. Il dit : ceci est chez moi, et trouve des gens assez terrifiés pour le croire. Fondateur d'une forme culturelle qui a ses répondants ou ses modèles en psychologie, dans les religions, les politiques ou les institutions intellectuelles. Le bord du territoire est un bouclier. *Scuto circumdabit te veritas ejus*. Sa vérité, savoir la Vérité, va t'entourer comme un écu. La Vérité protège. Or, voici le contresens fécond qui fait voir le vrai sens pervers : cette opération de bouclage périphérique engendre un type de vérité. La vérité de ceux qui partagent l'espace et qui fortifient les cités. La vérité réside à l'intérieur, elle occupe l'intérieur, elle est coextensive à lui, elle est l'intérieur même. Elle est définie par l'occupation et le découpage. *Elle n'est donc rien d'autre*. Dès lors, à l'extérieur, l'erreur ou le mal, le démon, par définition, autour d'elle, rôde. *Tanquam leo rugiens, circuit, quaerens quem devoret. Conculcabis leonem et draconem. Circuit*, le dragon circule, fait le tour du pavois, de la cuirasse, de la définition, vole et court, bat la campagne alentour des cités où se terrent les protégés. Coextensif de l'extérieur, il est instable autour des villes stables. Il vole, il court, le mal court, il est muni d'ailes. Maître de l'espace illimité, circulant, les agoraphobes sont fixes. Tous les bons démonologistes s'accordent sur ce point, le diable est l'essentielle instabilité. Hors la clôture haute, il déambule. *Perambulante in tenebris.* Dans la ténèbre noire. Voyez l'espace du sacré se former lentement des mêmes morphologies qualifiées. *Circuit, circumdabit,* la fermeture vers soi, le non à l'extérieur, au profane. Et, tout à coup, *ab incursu, a sagitta volante in die, a daemonio meridiano :* le démon sagittaire, l'espace sagittal, la flèche qui vole dans la lumière de midi, la lance rouge.

Les figurines bien vivantes appuyées aux balcons, ne passent pas le pont-levis, s'égayent sur la plage, sont perchées dans les tours. Les héros transportent au-dehors les murs de leur cité en portant la cuirasse. Espaces boucliers de la terreur, ou religieuse ou politique. L'extérieur est illimité. Il ne garantit pas les limites du corps. Le champ des disséminations où l'individu s'éparpille, tête, pied, crâne et troncs. Le champ des flèches, des lances, des griffes et des dents. L'espace draconien, la morphologie des lois draconiennes. Les ailes du dragon, par quoi il occupe en tous temps l'illimité de l'espace alentour, par lesquelles il bat la campagne, les ailes sont fibrées de flèches : *les deux sens du terme vecteur. Ce qui porte et déplace est un dard.* Structure sagittale de l'espace dehors, la loi de la morphologie sur le dos du dragon, vectoriellement exposée, dépliée.

Ville et campagne, terre et mer, colline arborée, acropole. Espace réparti entre ouvert et fermé. Au premier plan, sur le pont symétrique et les deux piliers bien appuyés sur leur élan, leur lance et leur lancée, la loi, la clef de la distribution spatiale. Sur le destrier, la cuirasse, la vérité du *circumdabit ;* sur le dragon, le vectoriel, l'étoile saggitale, la panoplie, la vérité du *circuit.* Les deux morphologies dans le champ des psaumes. Et le pont immobile rompu de leur relation.

●

Sous l'arbre du savoir, la reprise des origines. C'est en ce lieu, non loin de l'eau, qu'ils se trouvèrent nus ; c'est de là qu'ils partirent, errants, hors l'embrassée des fleuves. La ronde convenance d'Euphrate et la dissonance acérée du Tigre. Jetés à l'extérieur pour avoir connu ou pour s'être connus. Vieille histoire d'amour, de père et de pomme. D'arbres et de jardin. Féminin secret au milieu des rivières, défini luxuriant par le cours des eaux ; masculin où les fruits se cueillent, dont celui par qui tu connais. Jardin fermé, arbre dressé. Rond à croix ou à clef, dessous, rond à flèche oblique pugnace. La démonstration recommence. Stérile terre, ici, ocre ou terre d'ombre, pierreuse, désertique, l'herbe est rare et perdue, comme le paradis. Le jardin d'hier décharné. L'arbre vertical n'a presque plus de feuilles, ne porte pas de fruits ; l'arbre du dard casse, par fracture non franche ; la souche, à gauche, parmi la végétation noire et maigre, est un tronc rompu. Ce n'est plus l'aire de l'homme et de la femme, couchés, cassés, brisés aux limites du sexuel, en haut des cuisses. La propriété du jardin est reprise par les anciens détenteurs du pouvoir. Le serpent, le monstre, et l'archange à l'épée de feu. Celui dont la queue sait entourer un territoire et le doryphore, le sagittaire, le porte dard. La substitution des acteurs laisse stable les morphologies. Invariance qui montre qu'elles sont, elles, originaires. Mais le décalage des modèles en transforme le résultat. Lorsque l'éros est contemporain du savoir, le jardin fleurit et les arbres produisent ; quand le combat s'y substitue, la culpabilité latérise la terre, détruit la floraison ; et les enfants de l'homme et de la femme ne seront plus que squelettes épars. A l'origine, le vol du savoir. Science d'anges, de vierges et de bêtes. Paradis perdu.

●

Cadmos parut à Thèbes qu'un dragon ravageait. Il venait de fonder la ville, ses tours à venir, ses murailles ; le dragon venait de dévorer ses compagnons, allés puiser de l'eau à une fontaine voisine. On ne dit pas assez que le monstre était fils d'Arès et d'Aphrodite. De l'union répugnante de la violence et de l'éros. Ainsi, aux origines, le mal fantasmatique est toujours engendré d'équivalentes circonstances. D'un héros combattant et du sexe barré. Fils de Mars, mis à mal par un légionnaire de Mars. Cadmos, pendant huit ans, dut servir Arès comme esclave. Soldat du dieu soldat. Zeus, alors, lui donna pour femme Hermione ou Harmonie, fille, elle aussi, d'Arès et

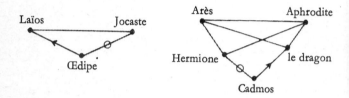

d'Aphrodite. De sorte qu'il épouse et tue deux produits de la même union, la sœur et le frère, comme en reproduction de la première production. Harmonie, le dragon, répètent, à une génération de distance, Vénus et Mars. Or, Cadmos est des premiers ancêtres d'Œdipe. D'où deux méthodes : la plus faible consiste à rabattre l'aventure du dernier-né sur celle de son aïeul ; alors le triangle est répétitif, le complexe, comme on dit, invariant. La plus forte consiste, à l'inverse, à suivre la genèse dans le sens du temps. La plus forte, puisqu'elle décompose ou analyse le triangle simple œdipien en un réseau complexe, triangle et quadrilatère complet, de relations simples. Or, pour qu'il soit bien compris que ces relations se transportent, stables, Harmonie et Cadmos, retirés ensemble en Illyrie, sont enfin transformés en serpents. L'union de la violence et de l'éros produit trois monstres à peu près identiques, livrés entre eux au viol, au meurtre réciproques. Or encore, Cadmos est l'inventeur de l'écriture et le propagateur, en Grèce, de la science. Le savoir naît sous le même arbre qu'ailleurs, au croissant fertile. Connaissance formée dans la mêlée confuse du sexe et du combat, du principe de vie et de l'instinct de mort. Le complexe d'Œdipe, triangle canonique et résolution des énigmes, s'explique au cours d'une anamnèse vers ses premiers aïeux. Il est complexe : il projette sur des lignes uniques des relations plurielles ; ces dernières, alors, l'expliquent, le déplient, le déploient. Mais le simplifient aussitôt : un monstre tue un monstre et il épouse un monstre. Il n'y a que des doubles et des identités. Groupe cyclique d'invariances. Retour de la démonstration. D'où vient que Freud a remonté patiemment le parcours de l'arbre, du complexe d'Œdipe aux deux principes moteurs et producteurs, le plaisir et la mort, Arès et Aphrodite. Il a écrit la généalogie du noyau généalogique, le genèse des traces génériques. Or la chose était dessinée d'emblèmes fort simples dans la vieille histoire de Thèbes. Reprise, transportée, rapportée, repeinte, sans changements majeurs dans l'iconographie usuelle. Ici, aux Esclavons.

Or donc, Cadmos, juché sur un cheval, Harmonie dans le dos, comme une promesse, laissant dans le lointain les vaisseaux arrivés de Crète, face à Thèbes construite, ordonnée savamment et devant la mouillère herbue où ses pairs ont laissé les os, Cadmos assaille le dragon. La mythologie, au bilan final de ses trois serpents, expose les identités morphologiques repérées tout à l'heure : trois éléments porteurs des mêmes signes, porteurs des emblèmes d'une même loi. Et les serpents sont là, sous les pieds des héros, en attente. Cadmos tue la bête. On ne sait pas comment, mais je suppose, par la suite des faits, qu'il la défit au beau milieu de la mâchoire. (Saint Georges punit au lieu du péché : elle a dévoré, elle souffre par la gueule). Car, la lutte achevée, le vainqueur arracha ses dents. Et les sema, tout aussitôt, à la volée, sur la terre première. Il dissémine dans l'espace, il insémine dans le sol, la morphologie sagittale. Les *Spartoi*, les hommes semés, lèvent de ce sperme incisif. Enfants déjà vieux, nés du héros et du dragon, issus du meurtre des semblables, frères produits de l'assassinat des frères ennemis. Cadmos a engrossé le monstre, ou la terre par la bête, peu importe qu'elle se nomme Harmonie, la clôture, la ronde et la définition, ou bien tout autrement. L'articulée, comme une cuirasse. L'arithmétique, c'est-à-dire la science. L'arthropode, comme les membres. Ou l'arête, comme la vertu. Famille linguistique d'harmonie, et jusqu'au rite religieux. Enfants nés de la lance et d'Aphrodite lisse, mère des concordances, des régularités, des symétries, distribuées dans l'aire sémantique. Ceux donc qui se lèvent de terre, sagittaires, ramassent, aussitôt nés, les pierres et les flèches, et ils se déchirent entre eux. Dispersés comme les dents, déchirés par les dents, deux fois épars. Les dents des crânes, sur la toile, répètent les dents du dragon. Et les os sont les pierres de ma mère la terre. De leur lance, les Spartoi lacèrent leurs individualités closes. Ils explosent et remplissent l'espace de leurs corps éclatés. Fantasme premier, fondamental, au ras de l'autochtonie. Sous le poitrail homologue du dragon et du destrier, ces membres répandus ne sont plus ceux des pairs de saint Georges-Cadmos, ils sont de leur fils, de leur postérité, produit fatal de l'ensemencement du monstre, non de l'union mais d'un duel.

L'arbre du savoir, d'où les feuilles tombent, éparses, oui, c'est l'arbre généalogique. Axe des ordonnées, normal à l'horizontale des eaux, adossé aux palmiers alignés qui distribuent, rythmés, l'échelle en profondeur : géométrie. Arbre de connaissance, partageant le bien et le mal, par dissymétrie de ses feuilles, recomposant les origines : science. Par feuilles définies, côté de la cuirasse, et par rameaux pointus, côté du vectoriel. Arbre de généalogie, maintenant, barré par la lance ordinaire qui réunit, perpendiculairement à lui ou quasi, ceux qui s'unissent et qui produisent des enfants. Fléau d'une balance en déséquilibre, fléau d'humanité. Lutte, viol, meurtre, coït manqué où casse la lance, amours monstrueuses de monstres. Harmonie bien formée au dragon sagittal, je ne sais, voici la première lignée sur la première ligne. Répétitive : Arès à la cuirasse noire, Aphrodite vêtue d'un caparaçon, Arès aux épées, le griffon. Répétitive : l'archange et le serpent. Répétitive : saint Michel, Lucifer. Répétitive : Ormuzd et Arrihman. Répétitive : Cadmos, saint Georges et le dragon. A la deuxième génération, dessous, en deuxième lignée, sur la deuxième ligne, la famille produite. L'union manquée de l'homme et de la femme, où les membres cassent. Ils ne dorment plus mélangés. Séparés l'un de l'autre, séparés par la mort, séparés en eux-mêmes. Coupés en deux, par coupe sagittale et par coupe transverse. Les Spartoi, mêmes, explosés. Caïn et Abel, et ainsi de suite, l'histoire. Gente famille de Cadmos où l'on s'écharpe et se dépèce répétitivement. Polydoros, premier diasparagmos ; Penthée le détrône et meurt, à son tour, par le diasparagmos, déchiré par un cortège de Bacchantes, dont Agavé, sa propre mère. Les Spartoi engendrent le sparagmos, logique draconienne de l'invariance sagittale, la perpétuation des dents. Membres épars, monceaux, sous les yeux du héros, avant qu'il ne meure, serpent. Reproduits de lignée en lignée, jusqu'à la nième génération. Famille au cousinage dionysiaque, dont Labdacos, boiteux, aux jambages de ses initiales, déchiré lui encore par les Bacchantes en folie, Laïos et ainsi de suite, chaîne de corps blessés sous le signe de la rupture, marqués par l'écartèlement.

Et donc et tout à coup, au premier plan, là, tout devant, *le pied*. Appuyé sur le crâne mort du savoir. L'engendrement du pied, la généalogie diasparagmatique d'Œdipe. Seul membre séparé qui soit de chair encore, gonflé parmi les morceaux morcelés de squelettes. Pied posé, de champ, sur un front. Οιδα, je sais ; Πουζ, le pied ; Œdipe, je sais le pied. Je sais les énigmes où il s'agit de pieds (sait-on qu'une tradition rare fait de la Sphynx la fille de Laïos ?), car je souffre des pieds. L'homme est bien l'animal à deux, à trois, à quatre pieds. Le mot de cette énigme où l'homme est le mot de l'énigme, c'est que tout homme est Œdipe, et c'est une tautologie. Savoir d'une souffrance ou pathétique d'une science, dont l'objet problème est un membre blessé. Œdipe sous

Cadmos, le pied de la lettre après l'écriture, le savoir dangereux, déchirant, héritier de la science au combat. Tête aux yeux voilés, crâne osseux du savoir aveugle. Voici donc la vérité langagière d'Œdipe, son emblème onomastique. Son écu dans l'arbre, exactement au pied de l'arbre, tombé, chu sur la gauche, dans le sens sagittal du dragon. Généalogie œdipienne, essence de nos genèses culturelles.

Par les deux morphologies négatives : tête ronde et ongles dressés ; pied enflé, orbites aveugles ou par la broche de Jocaste, ou par la lance, par quelque pointe aiguë, déchirante. Deux fois non.

•

Le mythe de Cadmos est socio-politique. Les *Spartoi* forment une classe. Heur et malheur du guerrier. Dès la Gigantomachie, bien évidemment, la lutte des classes est en place, fixée. Même chose, autant qu'on voudra, pour saint Michel et Lucifer ou pour saint Georges et le dragon. La répression policière achevée, au *Triomphe*, les notables s'assemblent sur la place de la cité, autour de la révolution enchaînée. Font sonner le buccin, sortent leurs chevaux blancs et les femmes font voir leurs dentelles. La classe dominante fait la roue, en sécurité au milieu des murs et des tours, elle n'a plus peur de la rase campagne. Et les exploités rampent sous le sabre. Ceux, du moins, qui n'ont pas payé leur révolte du morcellement de leur corps. Voici que les remparts ferment l'espace et que les dominateurs ferment le cercle. Autour des esclaves en laisse, sous l'épée de Mars, sous la coupole ronde jovienne.

Classe définie comme un ensemble clos, ville fermée, assemblée en couronne. Lutte dynamique et sagittale, par le sabre et la lance brisée, fichée en travers de la gueule, lutte vectorielle entre deux tels ensembles.

•

« En s'approchant, ils aperçurent dans un coin de la toile le bout d'un pied nu qui sortait de ce chaos de couleur, de tons, de nuances indécises, espèce de brouillard sans forme ; mais un pied délicieux, un pied vivant ! Ils restèrent pétrifiés d'admiration devant ce fragment échappé à une incroyable, à une lente et progressive destruction. Ce pied apparaissait là comme un torse de quelque Vénus en marbre de Paros qui surgirait parmi les décombres d'une ville incendiée.

Il y a une femme là-dessous. »

Une femme, Vénus, les décombres, le pied.

« Tôt ou tard, il s'apercevra qu'il n'y a rien sur sa toile. » Pas de femme. Il en meurt, dans l'autodafé de son œuvre.

Balzac. *Le chef d'œuvre inconnu*. Trois textes. L'histoire d'un tableau, celui de Frenhofer, *La belle noiseuse*. Le discours critique au sujet d'un tableau, celui du vieillard sur l'œuvre de Porbus, *Marie l'Égyptienne*. La formation d'un peintre, la copie au trait de Poussin, son début dans la vie ; la genèse des formes. Trois textes de production et trois productions de tableaux. Trois hommes et trois tableaux dont celui du milieu peint par Marie s'apprêtant à payer le passage, la passe. Et la passe est payée par ce qu'on nomme l'acte primitif, l'autre passe. Et le vieillard donne à Nicolas deux écus. Comme il donna partie de sa fortune à Mabuse, l'ancêtre, quand il devint le père de son père, pour que ce bien nommé, à la déception par les formes, lui donne, en retour, le faire des formes. Jusqu'à surprendre l'empereur par son vêtement de damas à fleurs. La généalogie, en amont, se perd dans la nuit des pères : Charles Quint, le peintre ivrogne de génie, le désespéré, l'honnête travailleur, le fils. Elle passe et se fraie le passage, d'or en or, par le don, de fleuve en fleuve, par le pont, vers l'aval et de femme en femme. La généalogie de l'œuvre, la généalogie dans l'œuvre. L'archaïque savoir aux mains de l'ancêtre et les ratages successifs pour le retrouver en sa pleine présence ; ou, inversement, la malédiction primitive qui se poursuit et se répète comme un signe fatal sur les tableaux manqués.

Trois hommes et trois femmes, trois couples, le triangle, Gilette, Marie, Catherine. Gilette, maîtresse et modèle, échangée, vivante, contre l'emblème et le symbole, chair contre forme, prête à payer la passe, prête à passer le pont ; échangée contre Catherine Lescault, nom de fleuve flamand, ce gué que passait Marie. Trois femmes, une seule réelle, dans sa miraculeuse beauté, deux fantômes, l'un collé sans air au fond de la toile et l'autre déchiré sous les décombres de couleur. Passage de la forme à la vie, et de vie à la forme, mystère inquiétant derrière la porte fermée ; Poussin, angoissé, tient la main serrée sur la garde de sa dague, pendant la révélation aveugle de la nudité. Trois hommes, un seul réel, les deux autres, fantômes, nommés ou à peu près comme le bien probe et le mal four d'enfer*. Trois couples dont un seul historique, deux autres épuisés en des amours fantômatiques. L'offrande anxieuse de la chair et du sang pour ranimer le sang refroidi du père. Poussin donc prêt à le tuer ; voici qu'il meurt, au milieu de l'auto-destruction, dans les flammes. Et cette femme, nue, entre les deux, commune. Reste le pied, Œdipe. Dernier fragment du tableau généalogique, dont tout le reste est refoulé, dessous. En dessous du chaos, du brouillard, de l'illusion aveugle. Sous les ombres et les fantômes des prédécesseurs. Emblème du mot issu, net et clair, délicieux et vivant, de la pâte onirique, Aphrodite sortie des eaux : l'engendrement du symbolique, la formation de la forme à partir de l'informe. Tout est visible ou invisible, selon qui voit ou ne voit pas, aveugle : « toute figure est un monde » ou « il n'y a rien sur la toile ». Sauf le pied, visible de tous, mais indéchiffrable : la dénomination, le savoir œdipien, le mot de l'énigme et sa clef. Passage, vibrant et serré, de la chair à sa trace chaude, de la nature à sa reproduction,

---

* Si Frenhofer est imaginaire, Mabuse (1499-1562) et Porbus (1540-1580), respectivement hollandais et flamand, ont réellement existé, produit, peint. Mais, de nouveau, la rencontre est imaginaire, un dialogue des morts, puisqu'en 1612, si Poussin pouvait être jeune, les deux autres étaient en terre. Balzac, donc, a choisi des noms, d'où je tire Probus et Fornhenfer.

du réel au symbole, engendrement de l'énoncé emblème, par le passage inverse, de lignée en lignée, des ombres fantasmées au réel. Toute œuvre est générative de soi, autoproductrice. Toute œuvre est générative de celui qui est réputé son auteur. la généalogie de l'œuvre et du producteur marquée dans l'œuvre du producteur. L'accouchement dans la beauté par la naissance du Poussin. Voici connu l'inconnu du chef-d'œuvre.

Ce pied apparaissait, là, comme un torse de Vénus, parmi les décombres. En m'approchant, dans l'ombre de l'église blottie au pied du pont, j'aperçus, ici, au milieu, en bas du tableau, le bout d'un pied nu qui sortait d'un chaos de membres épars, brouillard sans forme de corps déchirés : un pied affreux et mort. Fragment échappé à une incroyable, à une lente et progressive destruction. Ce pied apparaissait, là, sous le torse coupé de quelque Vénus qui surgirait parmi les décombres, parmi les loques dispersées. Décombres d'une ville, devant la ville. La ville incendiée, *rouge.*

Pied sous la femme, Œdipe sous Vénus, fragment, décombres, destruction. Court-circuit sous l'arbre, éclats rouges de la lance brisée, la généalogie résumée d'Arès et d'Aphrodite, d'où tout est venu. La forme et l'épée, l'union et la dichotomie. L'espace clos, l'espace vectoriel. La fermeture au trait, déchirée, désunie par l'arme sagittale. Poussin, main sur la dague, aveugle à sa Vénus déshabillée, Georges la lance en main, dos tourné à la femme en prière, Cadmos et le dragon, niant l'Harmonie. Poussin rêvant à Charles Quint, Georges à Michel, Cadmos à Mars. Toutes genèses œdipiennes, finissant à ce pied, refluant, d'un coup foudroyant, à cette origine commune, par les Aphrodites répétitives, nues, en morceaux. L'incroyable, la lente, la progressive destruction de la réjouissance.

•

« Le temps où Rebecca devait enfanter arriva, et voici, deux jumeaux étaient dans son sein. Celui qui sortit le premier, tout entier comme un manteau de poil, était roux, tout rouge ; ils l'appelèrent Esaü. Ensuite sortit son frère, tenant dans sa main le pied d'Esaü. On le nomma Jacob. » Jacob c'est-à-dire le pied, le talon, celui qui cherche à faire tomber son jumeau rival, celui qui supplante. « Esaü devint un habile chasseur, Jacob demeurait sous sa tente, close. » Lutte violente entre deux doubles. Genèse issue d'un meurtre au sommet du mont, la bête en substitut du fils : complexe d'Isaac. Et le petit-fils d'Abraham, le sacrificateur, se nomme encore par le pied, Jacob. Opposition, à nouveau, du chasseur rouge et de celui qui se ferme sous une tente. Il manquait un pied à la trilogie précédente, et l'itération des deux morphologies. Les voici, *Genèse*, XXV.

Balzac, à nouveau. « Comme une foule d'ignorants qui s'imaginent dessiner parce qu'ils font *un trait soigneusement ébarbé*, je n'ai pas marqué sèchement les bords extérieurs de ma figure. Car le corps humain ne finit pas par des lignes. Rigoureusement parlant, le dessin n'existe pas. » Dans ses moments de désespoir, il fait éclater les limites, il en vient au chaos, à l'informe, au brouillard sans définition. « On ne peut rendre avec des traits que des figures géométriques ; ce qui est au-delà du vrai, puisque, avec le trait et le *noir*, qui n'est pas une couleur, on peut faire une figure. Le dessin donne un squelette, la couleur est la vie, mais la vie sans le squelette est plus incomplète que le squelette sans la vie. »

Noir, squelette, et rouge, incendie. Deux morts.

●

De nouveau, la genèse des formes. Troisième origine, récapitulative. Origine chantée entre une invocation à Vénus, déesse de la réunion, et l'effrayant spectacle de la peste, membres épars de corps corrompus dans Athènes incendiée, par bûchers et torches en flammes. Ce pied apparaissait là comme un torse de quelque Vénus parmi les décombres d'une ville incendiée. *A pedibusque minutatim succedere frigus... Partim vivebant ferro privati parte virili, et manibus sine nonnuli pedibusque manebant in vita tamen, et perdebant lumina partim.* Le froid de la mort commençait par les pieds. Le froid du marbre de Paros qui sépare les pieds du torse. Froid vénérien de la Vénus d'Ille. Certains vivaient châtrés au fer de leurs parties viriles, ceux-là survivaient sans mains et sans pieds, d'autres perdaient leurs yeux. Enucléés, aveugles et les membres disjoints. Ils ont brisé mes mains et mes pieds, ils ont compté tous mes os. Désagrégation, dissémination, activité négatrice de la polytomie. La peste, comme lance ou dents, divise, tranche, déchire. Plaine au bord de la mer, sous la ville, remplie de mains, de pieds, d'organes sexuels, de torses et de crânes : la plage primitive ou les dernières plaies. Les coquilles fossiles. Lucrèce : arrêtez le massacre et la division. L'expérience, intropathique et culturelle, des membres répandus et disséminés dans l'espace, des vaisseaux disloqués sous l'orage, engendre agoniquement l'atomisme. Au bout du thème, mille fois repris, de la destruction et de l'analyse, son exaspération : la peste. Au bout de la peste, la poussière d'atomes. L'extrême achèvement de la coupure, de la pantomie. Science physique issue de ces dieux qui font mal et qui déchirent notre corps de leurs dents et de leurs flèches. Issue des dieux, issue des profondeurs de la psyché, c'est-à-dire d'avant l'unification du corps propre, issue du sexuel et du divin. Laissez-les, ces brutaux bavards, à leur festin d'Olympe. Mais retenez Vénus. Arrêtez la polytomie, la raison froide analytique, arrêtez les brouillards, la peste, et invoquez Vénus.

Le cycle recommence, le cycle épicurien, le cycle de ce texte. Le cercle d'une dialectique négative, d'une morphologie topique, d'une science statique et d'une dynami-

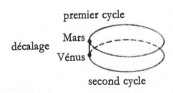

que, d'une biologie, où les forces de mort dispersent les sacs enveloppes de vie, d'une psychologie sexuelle, d'une histoire des religions, d'une sociopolitique, d'une genèse de la beauté. Le cycle recommence, mais décalé. Ici, Mars ou Cadmos ou l'archange ou Georges à la lance, ou le dragon porteur du signe sagittal, se couchent, écrasants, sur Vénus en morceaux. Invoquez maintenant Aphrodite. Volupté des dieux et des hommes, toi par qui la mer porteuse de vaisseaux et la terre fertile se peuplent de vivants ; toi qui, seule, suffis à la naissance ; toi qui apaises les farouches travaux de la guerre, sur les terres et sur les mers. Que Mars, le dieu des armes, cherche asile sur tes genoux, vaincu enfin par la blessure de l'amour. Que sa nuque ronde rejetée en arrière, il repaisse de ta beauté ses yeux, que, le corps renversé, il demeure en repos, suspendu à toi, ô Divine, enlacée à lui et le recouvrant de la sainteté de ton corps. Cycle d'une science où Vénus est couchée sur Mars. Le tableau se renverse, les atomes de corps se réunifient, le combat s'apaise. Le gai savoir est né.

Aphrodite sur Arès, désormais, les formes s'engendrent. La coupure au fer s'arrête au noyau dur forclos de l'atome. Premières morphologies sur la plage paisible des origines, dans le champ vectoriel de la chute calme. Alors *le sagittal de la déclinaison* réunit, recombine, organise ; laisse stable, produit ; essaie des mains avec des pieds, des crânes avec des yeux, forme des corps et les met en présence, masculin, féminin, pour la réjouissance. Nouvelle religion, nouvelle liberté, tout le cercle du texte reprend, en la décalant, la circulation encyclopédique. Mars couché sous Aphrodite, les deux morphologies forment un monde ; qu'il se lève et la peste reprend, la polytomie se déchaîne, Vénus explose et la cité d'Athènes se jonche de morceaux.

Les deux morphologies sont là, constantes, dans leur forme dernière et première, ou déchirante ou apaisée : l'atome noir et la flèche inclinante. Atome atone, incolore ; couleurs issues de ses combinaisons. Déclinaison *infinitésimale*, à peine une flèche : *paulum tantum quod momen mutatum dicere possis; paulum... nec plus quam minimum.* Le clinamen est un atome sagittal. A cet instant précis, les nouveaux chevaux s'élancent.

●

Morphologies ; atomes, clinamen. Tout ceci est un alphabet. Spatialisé, comme il convient, s'il est écrit ou peint. Un solfège de formes élémentaires. Or tout déchiffrement requiert un alphabet. Voilà le code générique binaire de quelques textes et emblèmes.

●

Tous les dragons de notre vie sont peut-être des princesses qui attendent de nous voir beaux et courageux. Toutes les choses terrifiantes ne sont peut-être que des choses sans secours qui attendent que nous les secourions.

R. M. Rilke, *Lettres à un jeune poète.*

Le terme contradiction s'écrit, en chinois, comme lance-bouclier. Une écriture idéographique est sensible aux morphologies spatiales.

60

LUGANO

Portrait d'un chevalier

Le Chevalier morose

La sainte Conversation du Musée de Caen date, sans doute, de 1510, comme le *Christ mort* de Berlin. *Georges au dragon, Saint Augustin dans sa cellule,* sont exécutés, à Venise, autour de 1507. Carpaccio meurt à la fin de l'année 1525 ou au début de 1526. La villa Favorita, près de Lugano, à Castagnola, expose le *Portrait d'un chevalier* qui peut être daté, encore, de 1507, la période des Esclavons. Il n'est pas impossible de s'en assurer.

Est-ce un mignon, ce jeune homme languide ? On l'a dit et, comme il dégaine, l'interprétation par le sexe fleurit parmi les lis. D'autant que l'entre-jambe est rouge, que ce lieu flambe, que sa couleur est unique par le tableau, sauf la baie, le fruit érigé, tout à côté. Pourtant, la démonstration recommence. Je dis : la lance est une lance et l'épée une épée. La cuirasse est bleue, à reflet bleu-noir, rivetée de rouge, à lacunes rouges. Le rouge est sous le noir ; ce que le noir laisse voir, c'est le rouge. Les deux morphologies chromatiques sont là. Or le portrait, torse, tête et bonnet, ceinture scapulaire et bras, est strictement cadré par l'épée au fourreau, la lance oblique du lancier qui passe et la verticale un peu courbe de l'arbre. Espace clos de fer dans le triangle sagittal. Visage triste et las, jeune, blasé, vieillot, émergeant des morphologies spatiales connues. Le triangle est le

tableau central du tableau rectangulaire. Par l'éperon, la
lance et le sabre, la cuirasse de Georges s'équilibrait
aussi sur une étoile sagittale à trois branches. Et le
dragon trismégiste, incisives, serres, aile vectorielle.
Triangulation fléchée de l'espace clos, encadré. Comme
une composition archaïque des forces. Ici, la gaine est
noire scandée d'ocre, comme la lance draconienne était
rouge rythmée de noir ; le javelot du soldat casqué en
damiers jaune et noir poursuit son trait par l'entaille du
feuillage dense : coupures ; les rameaux découpent un
champ de lignes dures sur les nuages. Comme à l'accou-
tumée, Carpaccio dessine exact, précis, rigoureux, abstrait, j'entends par là formel ou formaliste. Le trilatère du
milieu n'est pas tout à fait clos, nous extrapolons ses
vecteurs. Cela, pour faire déborder l'épée noire de l'arbre, produire un angle en évidence, former une cellule

basse où un singe cynocéphale est tassé, tête soumise au fil de l'arme. Petit espace complémentaire du triangle central.

Ainsi focalisée, la toile est dominée par la lutte à mort que se livrent, en haut, dans le ciel, un faucon noir, dessus et, dessous, la grue claire déjà traversée d'une flèche. La mise en pièces est commencée, les plumes volent sur le bord des nuages, que le vent disperse. Loi du tableau et loi martiale, loi de l'ensemble dans la partition, dans un sous-ensemble réduit du tableau lui-même. Dans le carré des murs et des créneaux. Loi sagittale au creux de l'espace clos, duale de la loi de clôture noire dans le triangle sagittal. Serres et dard dans les traits du château, cuirasse dans la lance et le sabre. Et pour que tout soit clair, formellement lisible, les ailes du faucon dessinent le même angle, en haut, que la pique et l'épée. Par vecteurs parallèles. Dans l'angle, l'oiseau de proie, le chevalier, leur tête. Sous ce ciseau deux fois aigu, l'oiseau en agonie, le reste du tableau, du chien au cerf. La mise à mal, la mise à mort.

Domination de la terre et de l'air, maîtrise des deux mondes par les armes qui volent, par le château fermé d'où les chevaux s'élancent. Et pour que tout soit clair, formellement lisible, réalité des choses, expression de sa loi, le cheval du lancier, au sortir de la forteresse, est surplombé de son frère de fer, enseigne emblématique, de même que le chevalier au triangle était surplombé par l'angle du faucon. L'espace est appliqué sur lui-même, comme les choses sur leurs signes, et l'œuvre d'art sur sa loi propre, ce qu'on nommait jadis son explication. Autre exemple : voyez la garde. Le soldat, le lancier, garde le château, le chien de garde au-dessous de sa lance. Au-dessus du casque dont la visière est relevée, un paon. Posé dans le bon sens. L'oiseau d'Argus à la queue ocellée. Les centaines d'yeux de ses plumes dans la direction des regards. Au-dessus de la garde, la loi multipliée de la surveillance. Vigilance tous azimuts pour l'espace fermé, parsemée sur les aigrettes sagittales. Par les portraits ou les reproductions et leur duplication sur des modèles symboliques, le tableau s'explique par soi, s'applique sur lui-même et s'engendre de soi. Un texte n'est jamais qu'une combinatoire alphabétique. Les formes spatiales et chromatiques sont aussi munies d'un alphabet. Le combinent, le répètent. Et nous épelons lentement cette langue à plusieurs dimensions. Comme jadis, la pierre de Rosette. Telle face, les choses dites. Et telle autre face, leur traduction dans l'autre langue, celle de leurs emblèmes. Mais elles étaient, aussi, des emblèmes. Reste, alors, l'invariance stable. D'où le déchiffrement.

•

La cigogne posée, inquiète, sur son nid ouvert. Vole et niche sans protection. Est-ce son mâle ou sa femelle que le faucon va mettre à mort ?

•

Monde vert sous l'arbre vert où se réconcilient les animaux, le cerf, les conils blancs et les hermines pures. Le paradis aux triples chastetés du lis. De la perspective : au bord du triangle, l'arbre d'où la vie vient de fuir et les feuilles de choir, arbre quasi mort du triangle des négations. Derrière, l'arbre en vie, vert, flore et faune posés par la sérénité des eaux. Par les animaux blancs, par la souche brisée, devant, on peut lire, à nouveau, un amour platonique pour le bel éphèbe lassé. La chasteté dite platonicienne fermée dans le triangle, barrée de fer, et le corps interdit. L'attente sans espoir sous l'œil du garde et sous Argus. On peut dire cela et le lire, mais seulement comme une composante de la maîtrise et de l'assujettissement par la mort. Esclavage qui fait que le premier homme sous le premier arbre reste un cynocéphale primitif. Pas encore homme et toujours chien. Cellule basse produite par le noyau central, et refoulée sous lui. D'où, de nouveau, les arbres. Au fond, comme toujours, la loi : la pique entaille le feuillage. Le dépouil-

lement. Législation évolutive des trois arbres en perspective, à droite.

Au fond des temps et au fond de l'espace, il était feuillu, dense, élancé, sur la presqu'île au milieu des fleuves, ce vieux paradis de l'Eden, où la vie fourmille de vie. Au milieu du temps et dans le moyen de l'espace, il trouve la cuirasse et la lance, les morphologies de la négation. Il penche de la même courbure tendre, oui, c'est le même arbre, mais il perd ses feuilles, les moineaux fuient la rapacité du faucon, sauf cet oiseau demeuré immobile à la cîme même du premier. Alors, tout devant, le troisième, brisé, tranché, cassé. Par l'archange noir à l'épée rayée. A la hauteur où l'arme rencontrait le second. Le singe restera singe. La scansion de l'espace ou, comme on dit, la perspective, raconte en bref l'histoire culturelle. Sous les pieds du jeune homme de fer qu'on doit, à la rigueur, nommer le dragon, restent l'hermine et les lis, restent la flore et la faune qui sont signes de chasteté. La vie, filtrée par le triangle, ne conserve que sa propre négation. Le fruit rouge, désir, non loin de la poignée du sabre. Du faucon noir à l'hermine blanche ; du combat, de la prédation, à l'idée ascétique. Feuilles lancéolées.

La loi, en haut, partout. Le trilatère aux deux morphologies, comme filtre, au milieu, Produisant le singe à tête de chien. Le stock originaire ou le donné, à droite, et comme fond, au bord des eaux. Le réservoir. Et le résultat, l'actuel, au-dessous, à l'ombre des pieds, de l'épée. Les falaises accores, la cité forte, le château, la garde et le chien, surveillent, de cent yeux, le bon fonctionnement des choses. L'ordre règne dans l'utopie, c'est-à-dire ici même, et l'histoire, du fin fond de l'espace, vient droit vers nous.

Elle coule et chute, la chute première et la chute d'eau, le long des trois arbres, elle tombe par le pertuis laissé entre la pointe du sabre et le bord, entre le cul de singe et le bec du lièvre, elle s'étale, devant, terre d'ombre de part et d'autre de son chemin, chemin perspectif venu, lui aussi, du fond de l'espace et des origines, foulé par l'archange à l'épée prête à mordre, elle s'étale, devant, sous les jambières de métal et l'entre-jambe rouge, parmi la végétation métallique et le blancheur endeuillée des fantasmes. Cancer du temps stabilisé par la culture, dessiné parfait dans le rectangle formé du talus et de l'arbre, fermant, par le barrage de l'épée, le flux serein du paradis perdu. Et la route, barrée, le barrage des eaux, commence au singe et à l'épée, pour s'élargir, devant dans la totale largeur de la toile. Paradis interdit et le vrai chemin pierreux de l'histoire.

Le chevalier qui a coupé les origines, qui a châtré le cerf et tué les oiseaux, qui a dépouillé le feuillage et tranché les troncs, a le visage triste et las. Délectation morose du maître.

VENISE

Saint Augustin dans sa cellule

Rouge et blanc

Le dragon passe parfois pour le symbole de la résolution des contraires. Saint Augustin, en face de Georges, à l'église des Esclavons, ne le regarde pas, tête levée vers la lumière. S'est-il délivré du manichéisme ? De la lutte éternelle du Bien contre le Mal, de l'ange et de la bête. Est-il délivré des antithèses négatives, des morphologies gémellaires ?

Voici le savoir devant la culpabilité. Le regard du savant se détourne de l'arbre. Naissance du blanc, qui envahit l'espace. La robe, le chien, les livres, les murs. Lumière jaune clair, vert soyeux. La flèche rouge est là, évanouie en plume blanche et noire, à peine une flèche, inclinée. Le clos de la cellule est ouvert, la clarté tombe blanche. Hésitation, retenue : toque ronde et camail noirs, soutane rouge de l'évêque africain, le rouge et le noir du combat négatif vont-ils céder, peu à peu, sur le corps, haut et bas, tête et pied, à l'envahissement central de la robe blanche ? Plafond noir et fonds rouges, l'espace fermé du travail va-t-il s'ouvrir peu à peu à la pénétration du soleil ? La paix va-t-elle survenir, et la synthèse des couleurs, parmi les traces et les marques du vieux monde blessé ? Flaques noires et rouges de Georges et du dragon, saint Augustin est enfermé, vêtu, dans sa cellule, il est encore un peu sagittaire, il écrivait contre

l'hérésie de Mani. Hésitation, instant tremblant, la plume se lève et s'incline, le texte s'interrompt, la clarté requiert des yeux un autre texte. Affirmatif comme les *Confessions*. Augustin balancé entre morphologies, entre couleurs, entre deux univers, entre deux textes.

Ouvertures. Trois fenêtres fendues, le jour envahit la cellule conventuelle. La petite chambre du fond : porte ouverte et fenêtre ouverte. Rideau vert tiré au-dessous de l'autel. Livres ouverts, blancs marqués de noir, la partition devant, étalée, *de musica*.

●

Histoire. Autour de 426, dans les *Rétractations*, revue bilan de ses ouvrages plus que retour sur ses opinions, croyances ou erreurs, saint Augustin donne une somme de quatre-vingt-quatorze écrits. Titres comprenant parfois des textes en plusieurs livres. Comptez soigneusement le nombre des volumes répandus, épars, sur la toile : table, étagère, estrade, cabinet. Quatre-vingt-quatorze, en toute exactitude. Carpaccio, qui s'en étonnera, dénombre l'œuvre sans omission. Et donc saint Augustin écrivant parmi ses écrits, travaillant au milieu de son œuvre, ou son propre *corpus* réuni et distribué dans l'étendue de la cellule. Cherchant quelque secret dans la clarté du jour ; tel Carpaccio peignant les Esclavons, parmi ses tableaux, le pinceau levé.

Il a besoin de l'œuvre celui qui a souffert des membres disloqués. Disperse dans l'espace des tomes, des atomes, des insécables, des morceaux vibrants de signification, tous informés d'une semblable information, sa plume, fontaine lumineuse de messages, messagère de tome en tome, écrivant linéairement et en plan, mais finissant par entasser, page après page, assez de chair pour en faire un volume, un espace compact, un corps occupant l'étendue, mais traversé en finesse de l'allégresse du sens. Il reprend indéfiniment le travail infini d'unification, il se reconstitue. La récréation. Qu'il laisse un moment sa plume flèche en l'air, son corps tombe en morceaux.

Carpaccio peuple les Esclavons ou l'école de sainte Ursule de son corps mystique. Ceci est mon corps, ce rouge est mon sang, cette encre noire est mon corps noir. Il le rompit. Membres disjoints de mon unité perdue que cherche à réunir mon angoisse. Augustin peuple la cellule de son *corpus* écrit. Sa cellule ouverte, la Méditerranée chrétienne et l'histoire. Enfants silencieux et inquiets qui ne se lassent pas d'écrire sur les murs, les tables, les surfaces, leur silence et leur inquiétude, leur nom. Quatre-vingt-quinzième écrit sur le mur : *Victor Carpathius pingebat*. Et sa fiction, c'est le maître de la patristique, le père de tous les Pères, y compris des pères maudits, hérétiques et orthodoxes, archanges et dragons, rouge et noir alentour du blanc, le père en proie à la fiction, écrivant jour et nuit sur la table, pour ranger patiemment ses écrits sur le mur, les entasser sur l'étagère, et les semer à la volée dans l'histoire. Corps disséminé pour ensemencer Rome détruite par l'envahissement barbare. Corps arc-boutant du mur en proie à la démolition. Le mur de la cellule ou le mur du mur de l'église où le peintre peint. Au bout de quatre-vingt-quatorze, Augustin a fini. Plume levée, regard apaisé anxieux vers ce lieu d'où vient la lumière subite, reste à poser la signature. Son propre quatre-vingt-quinzième écrit. La réunion finale qui fait être, mais dont on meurt, à soixante-seize ans, dans Hippone assiégée par les hordes vandales. Est-ce moi ? Augustin, on le sait, a inventé le *cogito*. Est-ce moi l'auteur de ces morceaux épars le long de la muraille et par terre ? Est-ce moi celui que va désigner, bientôt, la signature ? Non, ce ne sera pas moi. Ce sera, ce fut, c'est toujours la lumière. Blanche.

PARIS

Prédication de saint Étienne à Jérusalem

Pierre-Étienne

ISOMORPHISMES, 2

Le diacre Étienne fut rempli de l'Esprit, leva les yeux et dit : je vois les cieux ouverts. Ils l'entraînèrent hors de la ville et ils le lapidèrent.

Actes des Apôtres. VII, 55-58.

De 1511 à 1514, Carpaccio décore la Scuola des *Laneri.* Quatre toiles, dispersées aujourd'hui entre Berlin, Milan, Paris et Stuttgart (membres épars ou deuxième lapidation, dilapidation, par les aigrefins de la propriété), quatre toiles racontent la vie de saint Étienne, de sa consécration comme diacre au martyre. Entre temps, il parle. Avec les docteurs, à Milan. A la foule de Jérusalem, à Paris. Simple illustration du texte des *Actes.* Bande dessinée dont la dernière bulle est mise en épigraphe, ici. Fin d'un long discours et prélude au supplice.

Il a dit et se tait, indique et signifie. Debout sur un socle, tel un oracle, sur un socle de pierre, comme s'il avait pris la place des statues, idoles renversées, ou icônes détruites, déjà pierre avant d'être lapidé, pierres éparses au pied du socle, en attente d'être lancées. Un groupe à droite : tel assis ramassé sur un tas de pierres, trois autres en appui sur de longs traits, dont un sur une lance, pointe fichée en terre, paix temporaire. Index levé, arme baissée. Il a parlé, il voit les cieux ouverts et le fils de l'homme debout à la droite de Dieu. La vieille religion de Rome, ébranlée sur son socle, disait *mundus patet*.

Ouverture : le mot, la clef de la composition graphique et colorée. En haut, maintenant. Jadis, en bas, ici ou dans les profondeurs.

●

Les figures évidemment centrales ont, parfois, un visage moins expressif, moins lumineux, que celui des comparses ou des objets autour. La vierge à la Conversation, le Georges du Triomphe ou le beau chevalier morose. Étienne est pâle et fade, par rapport au jeune homme à ses pieds ou au groupe des femmes assises. Sans les exemples précédents, l'historien attribuerait ce raté à Francesco Bissolo, élève de Bellini, qui assista le maître malheureux dans l'entreprise des *Laneri*. Le psychologue, en mal de sexe, verrait dans l'éphèbe efféminé un amour tardif de l'artiste. Et si on allait droit aux choses telles qu'elles sont ? Non, il ne s'agit pas d'une autre main, d'un autre pinceau ou d'une intention dérivée. Les lois du tonnerre et de l'éclair ne gisent pas dans la poitrine d'un sujet-Jupiter ; elles sont dans l'éclat et dans le trait de flamme. Il s'agit simplement d'un théorème vrai : *ce vers quoi tout converge est voilé*. Soit donc à l'établir.

●

Quittons le diacre Étienne au visage assombri. Le groupe à l'écoute est formé d'un V double, à pointe vers le fond. Sept hommes debout et cinq femmes assises, les deux flèches enchâssées l'une en l'autre, les deux extrémités ensemble. Ici aussi, l'espace est sagittal dans la ville close emmurée : javelot pointe en bas, dans l'ombre d'une robe. Voici les hommes : le jeune en toge rouge, figure ensoleillée ; le visage sombre au turban blanc et lumineux ; l'adulte barbu au bonnet clair. Leur alignement trace la première branche. Sur la deuxième, deux personnages de profil sont encore marqués par la blancheur de leur coiffure. Deux séries indexées de lumière, filant vers leur fuite ou leur intersection qui, elle, est justement dans l'ombre, privée de tout rayon. La convergence est noire, comme l'habit du juif à la longue barbe pointue. Ce vers quoi vont les suites est sombre. De plus, les cinq des deux branches écoutent, tête en l'air et oreilles tendues. Les deux du fond n'entendent pas, ils parlent entre eux ; la main lisse la barbe d'un geste de douter. Sombres, noirs, sourds. Texte des *Actes* : ils se bouchèrent les oreilles. Ceux vers qui se dirige la voix sont sourds. Les deux murs acoustiques vont vers un dièdre inerte. Enfin, ils ne regardent pas ce que désignent les regards attentifs et l'indication verticale : aveugles. Texte des *Actes* : hommes au cou raide, vous résistez toujours à l'Esprit. Ce qu'indique l'index est, pour eux, invisible. Ce vers quoi convergent les yeux est aveuglé pour eux. Le théorème se répand dans l'espace.

La flèche du fond est assez obscure, vers le bas, pour mettre en valeur le groupe des cinq femmes. D'une bouleversante beauté. Le creux étincelant de la réception optimale. L'accueil, dans le giron, d'une parole faite chair. Chacune flamboie à sa manière, dans le neigeux, le pain brûlé, le jaune ardent et doux. Ici les deux séries se complémentent. L'une se fonce et l'autre s'éclaircit en allant vers leur fond commun. De l'ocre au brun noir à gauche, du jaune au blanc à droite. Et donc, la dernière, à la pointe, est voilée. Mais voilée, candide, et immaculée. Aveugle, éclatante. Et nul ne la verra jamais alors qu'elle ne regarde rien. Elle est ici, mais elle s'absente. Le creux du creux de la réception convergente est voilé.

La parole d'Étienne a modelé le groupe. Le verbe s'enfonce dans la communauté comme un coin, s'engouffre dans le goulet du double dièdre, ouvert devant pour la meilleure écoute : le rayon de lumière passe, frappe les deux murs, se réfléchit sur chaque élément des séries et monte, en se brisant, vers l'arête commune. A la pointe

extrême de son parcours, il inonde le voile baissé, il s'évanouit dans l'aveuglement et la surdité, sur la toge noire. Après le festin chromatique, l'absorption dans le noir et blanc. Le groupe est réceptif dans l'ouvert de surface, mais, au fond, fermé, insensible. La lumière luit, les ténèbres ne l'ont pas reçue. Le monde ne l'a pas connue. Les siens ne l'ont pas accueilli. Les cieux sont ouverts, un torrent de clarté baigne les femmes et les têtes comme un baptème d'ondes, mais à l'horizon de ce lac de gloire, le monde est bouclé. Groupe clos dans Jérusalem emmurée. L'arête vers quoi convergent les dièdres reçoit un rayon noir.

La lumière ne vient pas d'Étienne. Mais de cet ouvert au-dessus indiqué par sa main. Son visage reste dans l'ombre, hors la nappe du cône. Le centre du tableau est voilé. Voilé comme la voix. Qui ne dit pas, mais signifie. La parole est à peu près noire, elle indique. Le verbe chair est, par sa chair, opaque. Il est index de chair d'autre chose que lui. Certains yeux regardent le diacre, d'autres, plus lucides et blancs, regardent ce qu'il voit. Celui vers qui les premiers convergent s'absente. Le lieu de la contemplation est absent du tableau. Il n'y a plus de lieu où le principe ne se pose.

Les six personnages de gauche sont disposés en V, comme l'est le groupe central. Ils ferment le tableau comme, de l'autre bord, les hommes à la pique. Et la série de dos porte la même loi, sur l'immédiate avant-scène. Coiffure blanche et robe jaune chamarrée, bonnet déjà plus isabelle et toge rouge aux longs plis sombres, chapeau et camail noir. Le point d'obscurité où la suite converge est aux limites de l'espace, très exactement sous la porte.

La porte du baptistère est noire. Or, vous entrez dans le baptême comme en initiation. Ce dans quoi vous plongez reste sombre. *Mundus patet*, enfers immondes, non loin, en bas, du doigt levé en direction des cieux ouverts. Porte deux fois fermée, par sa découpe et sa couleur. Ce vers quoi la foi vous invite est barré. Porte ouverte, pourtant, au centre gauche de la toile, arche de commémoration, arc de triomphe : la perspective fuit, profonde, par l'ouvert sous la voûte, elle est traversée enfin par un mur aveugle, au bout de la rue. Vous qui sortez d'ici, même par le pas de la gloire, laissez toute espérance. Texte des *Actes :* ils l'entraînèrent hors la ville et ils le lapidèrent. Le monde est fermé, ses pertuis sont des poches, ses porches n'ouvrent plus désormais sur rien. Hors les murs, la mort noire.

Clochers et coupoles. Jérusalem, templum fermé des trois temples monothéistes. Synagogues, basiliques, mosquées. Israël, l'Islam et le christianisme. On pardonne au peintre son uchronie, où Étienne a passé Mahomet. Triples flèches pointées vers le Dieu unique. Mais, dans les trois cas, vers le Dieu caché. Avancer, voilé, sur le chemin apophatique. Celui vers qui ces parallèles de pierre convergent est à jamais absent. Éternellement noir.

La prédication prédique l'absence, et le théorème est universel.

•

Les piques, à droite, ne sont pas congruentes. Elles convergent vers le haut. Sur le mur sans fenêtre, aveugle. Mais toutes deux, en direction, vont vers le manteau, lui-même pointu, base et capuche. Intersection derrière : sous le manteau, hors le tableau. Ordonnance complexe et simple, où l'ouvert est toujours fermé.

•

Lances ou traits fichés en terre. Double flèche des corps dirigée vers le fond. Index pointé au ciel, comme les tours de pierre. Espace sagittal où les vecteurs se distribuent par les directions de l'espace : verticale, fuite, diagonales. Ces lignes de force tracent le champ du sens. Elles sont interceptées. Les murs de la Jérusalem terrestre, les bords de l'étendue fermée, les clôtures de la définition, épousent, de leur courbe, les droites empennées de ce champ. Colline et coupoles effacent le ciel et l'occultent, encapuchonnant de bâtisses la main au doigt levé vers l'ouvert. Enceinte. La muraille descend, pénètre vers le fond par l'enjambée de ses arcades noires, enveloppe de ses arcanes le double dièdre du groupe à l'écoute, dans sa direction et son sens, se relève et borde, à droite, le cadre du tableau, arête au lieu des javelots plantés. La circonvallation engaine les vecteurs. La muraille circonvient les flèches. Et, par ses lacets, le chemin la prépare. La définition enveloppe le sens. Elle le borne. Elle bouche le sens. Elle le barre. Ce vers quoi vont les trois directions est exactement emmuré. Le bord topologique fermé encadre le vectoriel. Voici les deux morphologies. La première court de la porte aux arcades noires, elle détermine la ville, intérieur, extérieur. Prédication dedans : on ne prédique assurément que dans le défini. Lapidation dehors, voyez, à Stuttgart, comment le signifiant se défait sous les pierres. Corps morcelé, hors les murs, où vole et pille le dragon. La deuxième décide des voies, lances dressées pour le supplice, armes baissées pour la prédication. Ici, les deux morphologies sont orthogonales.

●

Elles construisent une carte. Lignes de pente et courbes de niveau sculptent l'espace et son volume, vertical, profond, relevé. Les trois javelots lèvent la muraille, le double empennage du groupe abaisse le campus, le fait fuir et repousse le mur au pied des trois collines, la statue et l'index le lancent à l'assaut de l'éminence douce, occultée par le baptistère. La plastique globale résulte de ces fibres, marquées dans les figures et les objets, ainsi que des géodésiques, normales aux premières. Vecteurs en rotation sur la surface gauche, enveloppes marquées de ce mouvement. La cartographie du tableau est simple et savante. Mais se réduire à ce schéma, constructible en effet comme une variété réglée, mise en place d'abord par quiconque va peindre, est une restriction à la seule syntaxe. A la plastique de l'espace, à la graphie. Or les vecteurs sont des objets, des choses et des corps. Les géodésiques sont des artefacts. Chemins souples et murs d'enceinte. Comme si les morphologies purement spatiales, par demi-droites orientées, en direction et sens, par lignes normales à ces fibres, et par nœuds de fuite ou de centration, étaient pleines, déjà, d'une sémantique. La carte où se projette un paysage donne à lire le monde tel quel. Ou plutôt : la ligne de pente est un fleuve, les courbes de niveau dessinent la lisière des sapins, des hêtres, des essences, et la neige s'accroche au parcours du soleil. Non point les habits d'un squelette, mais la syntaxe lue en surface du sens. Ou l'immédiateté de la sémantique aux morphologies.

En précision, ici, elles la construisent et la détruisent, ensemble. Puisqu'elles marquent le sens et le coupent. Car le sens a, au moins, deux sens : le spatial et le prédiqué. L'aigu du vecteur et le lieu nodal désigné par l'index du prédicateur. Le côté de la direction et ce qu'il signifie en son langage. Or, que dit-il ? Je vois. Je vois en cette direction, en haut, de l'autre côté du javelot en terre. Mais encore, que voit-il ? Les cieux. Savoir, encore, l'espace. Un découpage de l'espace. Mais enfin, que voit-il ? Je vois les cieux ouverts. Savoir un ouvert de l'espace. Un découpage du premier. Au bilan, qu'indique l'index ? Un sens, oui, mais en un seul sens, et non deux. Le spatial et le prédiqué ne font qu'un. D'où la chance de Carpaccio, par rapport à Étienne, qui parle, ou à moi, qui écrit. Le peintre échappe à toute lapidation, à toute dilapidation par le discours. Il lui suffit de poser le sens dans l'espace. Et la morphologie est une sémantique.

•

Ceci est général. Et fait voir pourquoi ce tableau, un tableau, est source d'un torrent de paroles. Le sens, dans le sens sémantique, est position dans un espace qualifié, dans ou sur tel des mille et mille espaces qualifiés, il est site, orientation, voisinage, limite, et le complexe pullulant des relations qui les assignent. Il est, pour prendre exemple, le rapport de cet espace fibré fermé où tel corps s'érige en statue et lance un vecteur vers cet espace ouvert absent du tableau. Il n'y a rien ici qui ne se réduise à l'espace, à tel espace et aux tracés qui y courent, complexes. L'espace fourmille de sens, et la linéarité pauvre du discours s'épuise à monnayer cette fortune.

Voici pourtant un cas fort singulier. Je fais discours sur un espace peint, j'essaie de dessiner son alphabet morphologique. Or, comme inversement, Carpaccio dessine et peint la prédication d'Étienne à son terme, l'extatique péroraison qui se perd dans le silence de l'espace. Or, le discours du diacre est un texte connu, le peintre a pu le lire aux *Actes*. Le voici donc.

Tous fixèrent les yeux sur lui et virent son visage pareil au visage d'un ange. Écoutez. A notre père Abraham, Dieu dit : quitte le pays, va dans celui que je te montrerai. Alors il quitta la Chaldée. Dieu le fit émigrer ici même. Et ne lui donna aucun lot, pas même une enjambée. Dieu parla ainsi : sa postérité séjournera en pays étranger ; puis elle en sortira et elle m'adorera en ce lieu... Les patriarches, jalousant Joseph, le vendirent pour l'Égypte. Jacob, ayant appris qu'il y avait des vivres là, y envoya nos pères une première fois. A la deuxième fois, Joseph envoya chercher Jacob et toute sa famille. Et Jacob descendit en Égypte, ainsi que nos pères. Et ils furent transportés à Sichem... Moïse s'enfuit de ce pays et alla séjourner à Madian. Et Dieu dit à Moïse : approche et ôte la chaussure de tes pieds, car le lieu où tu te tiens est une terre sainte. Et, maintenant, viens, je t'envoie en Égypte. C'est lui qui fit sortir le peuple, par la mer et par le désert. Or le peuple dit : Fais-nous, Aron, des dieux qui marchent devant nous. Dieu se détourna et dit : je vous transporterai par-delà Babylone... David demanda une demeure pour le Dieu de Jacob. Mais le Très-Haut n'habite pas ici : le ciel est mon trône, dit-il, quelle maison bâtirez-vous, quel sera mon lieu de repos ?

Étienne dit : hommes au cou raide, incirconcis de

cœur et d'oreilles, vos pères ont persécuté Joseph, Moïse et les prophètes. Vous me lapiderez comme vous les avez trahis. Vous n'entendez pas le sens de la Parole. Celle qui prédit, celle qui prophétise. Le discours dit dans le sens de l'histoire. Le chiffre du sens.

Étienne a dit le sens. L'errance d'Abraham, de Chaldée vers Harran. L'émigration de sa postérité. L'absence de lieu et de lot. Le départ, le séjour en terre étrangère. Joseph sorti, vendu. Les émissaires de Jacob. Transports, expositions. L'exposition comme transport : Pentateuque exposé par Moïse exposé, transporté par le Nil. La fuite en Égypte, la fuite de l'Égypte et la traversée du désert. L'Exode. Les dieux, faux comme l'or, et qui marchent devant ; Jahweh qui habite, en repos, sur le trône. Étienne a dit le sens, il l'a dessiné dans l'espace. En toutes directions par le croissant fertile, du Nil à Babylone et du Jourdain à la Mer Rouge. Parcours en zigzags, passages et retours, échanges en Égypte et promesse d'un lieu. Champ complexe de chemins tracés. Noir fouillis sur la carte, une écriture inextricable, indéchiffrable, dont le secret gît, clair, dans la Parole dite. Il dit : va, et Moïse quitte les lieux. Ce que dit la parole, c'est le déplacement du peuple. Incompréhensible sans la parole. Espace biblique du sens, dont il faut bien un jour clore et fermer la demeure : tabernacle du témoignage. Tables écrites, stables, dans l'arche. Étienne a dessiné le sens, plié, enfoui, marqué dans le lieu de l'alliance. Demeure, trône, repos. Son discours est un parcours, un ensemble de déplacements. Prédication : je vous précède dans le sens du parcours. Il est écrit sur les tables de l'arche, la maison du sens est bâtie. Hommes incirconcis : aveugles, sourds, destinés, condamnés à l'errance ; au sens distribué, hasardeux, illisible, en toutes directions. Le *circumdabit* de la circoncision : découper une ligne fermée, définir, nommer, baptiser. Arrêter la fuite du sens. La perte de la parole, l'éparpillement sous les pierres. Transferts et circonférence.

D'où la chance du Carpaccio, de qui dispose de l'espace pour dire ou décrire, pour dessiner ou prédire le sens.

Vecteur fiché en terre qui trouve au mur aveugle, et derrière son sens, la brisure d'un trait qui part dans l'autre sens, où l'attend un manteau qui repart, dans l'espace, vers une série au creux noir, et la série de la série au creux du creux voilé, infléchie et brisée vers un visage étincelant, rebondissement à la verticale, vecteur digital, redescente, et flèche de lumière jusqu'à un homme noir sous une porte noire. Parcours gauche en zigzags, passages et retours, déplacements aveugles et promesse d'un lieu. Champ complexe de sens tracés, définis par objets sagittaux, fouillis noué au rectangle de toile, diagramme indéchiffrable, si on n'entend pas la parole, si on est sourd à la prédication. Champ clos par la géodésique des chemins, par les murs de Jérusalem, la ville au tabernacle. Circonscrit, circoncis. Carpaccio dessine le sens, il s'enfouit dans la circonvallation des murailles. Leur circonférence. Idéographie du texte. Le tableau est la prédication elle-même. Identiquement. Le peintre suit le discours et ses parcours. Il les trace, il les écrit. Le texte a, comme on dit, un sens : celui ou ceux de l'espace. Et c'est dans l'espace que Carpaccio les trace. Les deux cartographies sont fidèles entre elles. La sémantique du discours est dans la forme du tableau. Dans ses morphologies spatiales. Celles-ci sont, par conséquent, sémantiques.

Mon discours sur l'espace peint s'évanouit tout aussitôt. Il n'a plus lieu ou il n'a plus de lieu. Anéanti par l'immédiateté du voisinage, par la fidélité de l'application, entre le sens d'un discours, celui des *Actes*, et le discours du sens, celui de Carpaccio. Discours : courir çà et là, se répandre en tous sens. Prédication, lapidation. La prédication d'Étienne est une table à cartes, la table du tableau, c'est la prédication. Le lieu du sens est le même partout, et c'est le lieu, et voilà tout.

●

Et donc, premièrement, la topologie est une esthétique. Et donc, deuxièmement, une sémiologie. On n'en finit jamais avec l'espace. On ne parle jamais que de lui et en lui. Jamais on ne le quitte. Pour aller où, je vous demande. Le temps, c'est l'énergie qui travaille l'espace. Par transports et transformations. La topologie, discours en général du lieu en général, décrit les formes, essaie de déchiffrer leur alphabet. Par là, elle comprend. Étienne indique l'ouvert, posé, noyé, plongé dans le noir du fermé. Il désigne le sens, les pieds sauvés, au haut du socle, sauvés du noir fouillis des sens entrelacés, graphe complexe des antiques transports. Exécuteur testamentaire de l'Écriture. L'indication, terme et fin de la prédication. Indicatif et prédicatif. Voici ceci, mort du texte. J'entends par là réveil et vie de l'information morte.

La peinture, l'iconographie, comme l'écriture, sont des pratiques de l'espace. Tout art, y compris la musique, est une pratique spatiale. On appelle esthétique la théorie des arts. Inévitablement, la théorie globale de ces pratiques est une topologie. En général, on appelle esthétique, l'ensemble de l'appréhension par les sens. Nous sommes plongés dans l'espace, ou dans l'intersection d'une multitude d'espaces. Voici des formes, stables, mouvantes, que nous transformons et qui nous transforment. Il y va de l'espace et des énergies, du lieu et de l'information, des formes et transformations. Appréhender, connaître, aussi bien que travailler ou être travaillé, tout cela est le changement de phase d'une forme par le changement de phase d'une autre. Et donc la théorie qui décrira cela nous suffit. Les vieilles théories de la connaissance et de l'action voient s'écraser leurs médiations imaginaires au même lieu. C'est bien toujours la même théorie, celle qui formalise · les formes. Et c'est pourquoi, il n'est pas inintéressant de commencer par l'œuvre d'art.

Mais on entre immédiatement dans le discours majeur, optimal parce que rigoureux, de toute forme en général. C'est là que bien des choses se décident et que s'effondre, pour toujours, le vieux mythe kantien. Dès que cette esthétique est une syntaxe, et une sémantique, de surcroît, il ne reste plus rien ni de l'analytique, ni de la dialectique. Même pas un *flatus vocis*, puisqu'on a vu le langage lui-même s'involuer dans la spatialité. Si la forme est la forme et le sens est le sens, un point c'est tout, après l'esthétique il faut marquer un point final.

Je veux bien accepter que nos logiques forment l'équivalent d'une dialectique formelle, munie des antinomies ordinaires, paradoxes et contradictions ; que nos algèbres constituent quelque analytique formelle. Disons formel, dans les deux cas, et non transcendantal pour marquer l'imaginaire du sot projet qui consiste à vouloir décrire ce qui se passe dans le fonctionnement du sujet connaissant. Qui vous l'a dit ? L'avez-vous vu ? Dites-moi où aller pour voir ça. Ce conditionnel est un irréel. Les conditions de possibilité sont ici et là, non à l'intérieur de ce palais des fées, de cette utopie. C'est bien Kant et le projet critique, Kant et le champ conditionnel, que Marx a remis sur ses pieds. Enfin posé en un lieu repérable. Le marxisme est un criticisme réussi, qui empêche de rêver au prince charmant. Je n'ai rien contre la belle au bois dormant, mais il vaut mieux savoir qu'elle dort et songe. Cela dit, voici maintenant l'esthétique formelle. Non plus le vain discours de quelque forme a priori de la sensibilité, mais l'alphabet des formes. Je ne sais d'autre issue pour ouvrir le réel. Car ce discours des formes est compatible avec les formes du discours. Ne vous étonnez plus si le reste de la mathématique est, à la lettre, inapplicable.

Esthétiques multiples. Nombreuses tout autant que le sont les espaces. Esthétique appliquée, ici, au Louvre, à ceci, ce tableau. Aussi générale qu'il faut, abstraite. Aussi pluraliste qu'on le désire, par le foisonnement des formes. Articulée à un exemple simple, selon cette exigence jamais assouvie de ne jamais perdre l'objet. Parler en forme de ceci que je tiens, qui me tient.

●

Soit une forme stable. Décrite dans un espace, en site, position, voisinages, connexité, ramifications, pliage, bifurcations, que sais-je encore. Elle est spécifique, par là,

et, par là individuée. L'individuation, c'est la stéréospécificité. Je suis, moi, individué de la même façon, par mon corps aux baies innombrables et dans ma posture actuelle. Forme stable et mouvante, descriptible ainsi, quoique transfiniment, sans doute. Espace comme ensemble des formes stéréospécifiques. Stables, elles gèlent de l'énergie. Mouvantes, elles la font circuler, elles se mettent à l'échanger. Ça commence à se transformer, à connaître, à parler. Échange d'énergie, d'information, transformation des formes. Naissance du temps.

Je commence à saisir ce qu'il en est du sens. Il est site, position, voisinage, connexité, pliage et ainsi de suite. Et plonge par là vers l'individué. Vers la différence spécifique. Il est la position par l'échange des positions, le voisinage par le transport des voisinages, le canal par la gerbe des ramifications, le nœud par les bifurcations, le lieu et le lot, l'exode et la fuite, l'aller vers l'étranger ou le retour chez soi, l'échange des grains l'année des vaches maigres, la migration et le passage, la promesse d'un lieu, et le repos dans l'île ou le pays natal. Voyages du peuple hébreu, peuple de la Parole, où se lève le Verbe, comme sens actuel de la prédication d'Étienne. Sens, maintenant, de la prédication en général. Sens de tout sens. La sémantique est le viatique du discours. *Via discursus*, le chemin de la course, pour traduire en clair. L'aliment de la route et la route elle-même.

•

Revenons aux morphologies, aux deux syntagmes du tableau. Les géodésiques de la muraille et du chemin enveloppent les vecteurs directifs, les ferment et les barrent. Ces formes se contredisent entre elles. Comme la lance et la muraille, la porte accès à la lumière et le trou noir, l'arche et le mur du fond, les invaginations de la sente et le double dièdre du groupe, le goulet de l'écoute et l'arête insensible. L'une trace les sens et l'autre les recouvre ; l'une place les flèches, l'autre les met dans le carquois : ferme les directions, barre les sens. Alors, oui, toutes deux remplissent l'espace de lignes et de courbes, elles sont des syntagmes purs, mais disent, mais sont le sens de la scène : ce vers quoi tout converge est fermé. L'espace de la contradiction sans apaisement vecteur-bord est identiquement l'espace du sens aboli. Du sens, tracé comme champ, du sens annoncé par le chant de l'espace. Du sens à géodésiques normales, du sens normalisé par les dominateurs, du sens amené à se taire. Il y a du sens, plus encore, tout est porté par les vecteurs du sens : il est fermé, il est muet. C'est la prédication, elle est tacite. Et les cieux absents sont ouverts par les négations conflictuelles stables de la terre. L'indication montre un ouvert au-delà de l'espace, ici, qui n'est qu'un fermé. Déchirure catastrophique par les deux morphologies en équilibre définitif. Alors ce discours en rigueur des formes est coextensif aux formes du discours. Ces morphologies forment une syntaxe, une esthétique formelle, mais en même temps une sémantique. Indication et prédication ensemble. Elles parlent, de soi, et parlent du discours.

●

Cet espace dessine et peint la prédication du tout premier prédicateur, Étienne. Le premier de ceux qui ont pris la parole, sans avoir jamais vu le Verbe. Les Douze l'ont vu, les diacres ne l'ont pas vu. Étienne est le premier diacre. Le Verbe n'est plus dans la ville close, il ne bat plus la campagne alentour, il s'est retiré, il est assis à la droite du Père, sur le trône de son repos. Il n'est plus ici, maintenant. Le verbe n'est plus chair. Il est ailleurs, caché, ouvert et signifiable. Une deuxième histoire commence, l'histoire. La parole n'indique plus et n'indiquera plus jamais ceci, maintenant, ici, en ce sens et à l'intersection de cette courbe et de cette ligne, l'individuel né du ventre de la femme, mais seulement l'absent du bouquet des chréodes. La chair de la parole est morte. Ressuscitée, passée, par l'ascension, dans un deuxième espace, à jamais séparé d'ici. Nulle parole, en nul langage, ne dira plus jamais l'individué radical, le fils du père, le fils de l'homme, verbe. Il sera dit ou indiqué, absent des formes de la terre. Le verbe chair présent, c'était le dire et l'être et l'individuel sans césure. Cette protohistoire est finie. Désormais, l'espace de la prédication est l'espace de la séparation. Le sens va, pointe vers l'individué, voilé à jamais des actes de langage. Voilé dès le premier qui parle. Déjà mort, déjà retiré dans un espace différent, dès que se lève le tout premier prédicateur.

Étienne est le premier diacre. Mot qui désigne, en sa racine, celui qui s'empresse et se hâte, qui fait diligence sur un trajet. Serviteur zélé du parcours et du sens. Étienne est le premier diacre, le premier serviteur du verbe, du discours. On ne se sert pas de la langue, on la sert. On se hâte et s'empresse sur le trajet des sens. Étienne est le premier parlant, le premier qui fait diligence, la toute première parole après la mort du verbe chair, assis, désormais, en repos. Le premier témoignage de qui, jamais, n'a été le témoin. Premier auteur inauthentique. Début d'une longue histoire, qui ne cesse pas. Voici donc l'origine des langues, à la disparition de la langue adamique et native qui, peut-être, n'exista jamais. Projetée dans un autre espace, avant les commencements du protoparleur. Dont toute langue cependant s'efforce de rejoindre le lieu, par l'indication, les vecteurs de ses sens, l'errance, l'erre brisée, l'erreur. Et chacune, indéfiniment, échoue en ce martyre. Langue native sans déplacement ni coupure, où le verbe est chair. Langue historique, le déplacement sans repos. Étienne, protologue ou prologue, énonce en sa prédication et son indication la loi martiale du discours. Ce vers quoi il se hâte est absent.

L'espace du discours, de la prédication, est un champ de sens. Définissez Jérusalem, le lieu, le concept ou le mot, voici que le sens se ferme, par négation et détermination. Que le sens désigne un ailleurs, cet ouvert est absent. Passez les murailles, alors tout se répand, le corps du protologue voit ses membres épars sous la flèche déchirante des pierres. Fermeture noire, séparation, supplice ou diasparagmos. Barrière imprenable, coupure aliénante, désintégration.

●

Étienne, la couronne. A sa *Consécration*, elle est un bâtiment de pierre. Monumental : arches, étages et coupole. Couronne ronde, tiare. L'église de saint Pierre. Au *Dialogue avec les docteurs*, elle est un bâtiment de pierre. Non plus arrondi, mais pointu. Architecture improbable et paradoxale, pyramide à surface courbe, dont nul n'a jamais vu la flèche verticale. Encore circulaire mais déjà sagittale. A sa *Prédication*, elle est une ville de pierre. Par coupoles sphériques et clochers acérés. A sa *Lapidation*, elle n'est plus qu'une pierre. Lancée par les persécuteurs, au creux de l'auréole, en bas du crâne, comme une épine. La couronne d'épines. Tu étais Pierre et, sous ces pierres, cette Église sera détruite. Étienne, sur le socle, à la place de la statue, geste et posture d'une statue de pierre. Et la parole se fait pierre ou elle se défait sous les pierres. Jamais plus elle ne sera chair. Parole charnelle ou pierreuse.

Chair ou pierre ? Parole : ce pain est ma chair. Si ton frère te demandait du pain et que tu lui donnes une pierre à la place ? La pierre du scandale.

●

Les regards sont tournés vers le prédicateur ou vers la chose qu'il prédique. Vers celui qui voit ou vers ce qu'il voit. Vers l'indicateur ou vers l'indiqué ; ou le signifiant ou le signifié. Le groupe, moins les sourds, n'est pas lui-même pas unanime. Le fuseau des visées n'est pas convergent. L'ensemble à l'écoute est déjà défait, ne reçoit pas partout la même source. La communauté, la première église se divise : la chose même ou le symbole. Marque de la séparation primordiale, dès les protorécepteurs, lorsque le verbe n'est plus chair. Quand celui qui parlait réunissait d'un coup le locuteur, le signe et le sens, quand le verbe chair était son propre sens, et qu'il disait, par conséquent, je suis la *voie*, la réception, en ce temps-là, ne pouvait être qu'unanime. Mais ce temps-là n'est plus. Le temps où ceci, objet pain, était le corps, mon corps sujet. Temps achevé près la pierre tombale, au corps allongé sur la table de pierre, ou assis sur le trône brisé. Le nouveau temps, celui de la prédication et de l'écoute, le vrai temps de l'histoire, a déchiré en deux l'espace, les signes et les sens, l'immanent et le transcendant, l'indéchiffrable foisonnement des lignes présentes et l'absence du présenté. A déchiré en deux les groupes. Va déchirer les corps. Ici, le premier mot de ce temps-ci, le premier discours de l'histoire.

Ceux qui écoutent se défont. Outre ceux qui déchireront Étienne, ils se déchireront entre eux, hérétiques et schismatiques, acteurs de la parole déchirée. Ainsi la plus blanche, celle que la lumière inonde, a voilé ses yeux. Au premier jour de la parole, il y a déjà de quoi. Mais qui est-il, celui qui parle, ce diacre protologue ? En d'autres termes, où est-il ? Et de quel site parle-t-il ? Voici qu'il est monté sur un socle. Sur cette pierre, il bâtit l'église du verbe. Il prend la place de quelqu'un, d'autre chose, de cette statue dont les fragments épars gisent au sol. Il parle après une autre destruction, après une première déchirure. Statue d'un dieu romain, ou de tel empereur après l'apothéose. Dont le sceau est gravé au socle, comme en bas-relief. Idole. Idole païenne de pierre, marque d'un dieu, ou symbole du dieu, ou dieu exactement. Autre temps terminé, où le divin était ici présent. Ou revenu après la mort de l'homme. Histoire ancienne terminée par lapidation : de la statue du dieu, il ne reste pierre sur pierre. Le crépuscule des idoles, attaquées, cassées à coups de marteau. Conduite diaconique et conduite iconique. Le diacre, d'abord, fut iconoclaste. Il a refusé la représentation et la présence. Le signe et la chose. L'immanence du vrai, de l'être, je ne sais de quoi. L'iconoclaste ne le serait pas, s'il ne voyait que des icônes. S'il ne croyait à la possibilité, pour l'icône, d'être, un peu plus que de représenter. S'il ne vivait ce danger imminent pour la chose d'être plus qu'un symbole, pourquoi se déchaînerait-il ? Ainsi l'iconoclaste est iconophile. Et c'est le cas d'Étienne : il brise la statue, mais il prend sa place. C'est de là, non d'ailleurs, qu'il indique ailleurs. Preuve que ce lieu lui importe. L'*in hoc signo* de Constantin est aux cieux, mais aux institutions de Rome. Par l'insondable profondeur de ses dispositions spatiales et chromatiques, Carpaccio comprend cette vibration. L'hésitation du signe au sens, qui partage et déchire les récepteurs, déchire et partage déjà l'émetteur. Pierre sur pierre. Étienne est, déjà, lapidé. L'iconoclaste est iconophile, il croit aux icônes et il n'y croit pas, il ne croit qu'au sens mais a pris la place du signe. Comme si le signe était le nœud des chemins du sens, leur échangeur. Le lieu, stable un moment, où se croisent les directions. Qu'elles se décroisent, et le nœud se dénoue, défait. Le peintre ne peut faire autrement que dessiner la problématique de la prédication par la grande question des icônes. Et c'est exactement son lieu. L'icône est un signe, certes, mais le signe est toujours une icône. Dès lors, Carpaccio insiste. Et n'illumine pas le visage d'Étienne. De sorte que nul ne peut revenir à l'iconolâtrie. Et l'iconophile est, à son tour, iconoclaste. Il refuse que le signe soit vraiment autre chose qu'un signe. Un index vers la lumière et non la lumière. Il n'était pas, lui, la lumière, mais venu, ici, pour rendre témoignage à la lumière. D'où le tremblement sans fin : il est sur le socle, mais non une statue, il parle, mais se tait, il est là, mais indique ailleurs, et ainsi de suite. Chair ou pierre ? Le déchirement byzantin de l'iconoclasme et de l'iconolâtrie, projeté ici dans un espace quasi oriental, est rigoureusement fidèle au déchirement langagier de la prédication. Le peintre a dit l'essence ou vérité de l'icono-graphie.

•

Source et réception sont réglées ensemble. Elles suivent la même loi. Groupe déchiré par divergence des regards vers le signe ou la chose : schisme. Étienne, corps émetteur ou transmetteur, érigé comme un phare ou comme un séma-phore, pierre chair, statue animée immobile qui est signe et qui fait signe, icône diaconique tacite qui est le sens, vecteur, et qui n'est pas le sens, espace ouvert. Pierre-Étienne : iconoclaste, iconolâtre, schisme. Loi harmonique de la dysharmonie, identité aux deux stations, opposition en elles deux. Groupe dilapidé par une annonce lapidée. Schisme par la schizologie. Le fonctionnement de la communication, dessiné en un réseau simple, décidé, comme en tête de chaîne, de la prédication, de la signification, de l'état du verbe. Deux circuits : celui des regards vers l'icône, celui des regards et de l'icône vers ce lieu, ouvert et déchiré, qui se retire du tableau. Triangle pointe en haut dont le sommet d'en-haut est absent. Dont se distinguent ceux qui s'excluent, les sourds et les aveugles, qui vont porter la mort, le supplice par jet de pierres, et la fin du message. Notre ancien quadrilatère est complet, à nouveau. Et donc circuit du signe, présent ici quoique tremblant de l'ombre à la lumière ; et donc circuit du sens, chemins vers l'autre monde. Double circuit, du langage et du religieux : à plat, les signes, noyés dans l'immanence, les figures et les icônes ; en fuseau vertical, les sens, pointés vers une transcendance. D'où cette isomorphie nommée la religion du Verbe, et que nous pouvons désormais appeler l'isomorphisme de la religion et du verbe, du bloc judéo-chrétien et de l'analyse du langage. Immanence des signes, transcendance du sens. Le verbe chair, le Dieu caché. La statue sémaphore et les cieux ouverts, où le verbe est assis à la droite du Père, désormais inengendré, comme jadis ici, par un corps de femme. A la *Sainte conversation*, il s'agissait d'une logogonie et de l'engendrement du Verbe, par les prosopopées ou les figures iconiques de ses éléments producteurs, dans le réseau de communication. Donc de l'isomorphisme d'une théogonie, venue du fond des temps et de la profondeur du tableau, et de cette logogonie, dessinée idéographiquement au-devant de l'espace. Le cycle d'Étienne, la tétralogie, est une logologie. L'isomorphisme d'une théologie et de ce discours au sujet du langage. Le diacre est consacré, il dialogue avec les docteurs, il prédique et il meurt. Il est le serviteur de la parole, non point le verbe chair soi-même, mais le premier témoin qui ne l'a jamais vu. L'histoire ou le temps immanent a commencé en cette déhiscence. La parole se met à parler de l'absence. Le réseau de communication est de nouveau en place. Il n'est plus productif, mais dilapidateur. Statue de pierre qui va s'effriter sous les pierres de la statue précédente, cassée. Parole séparée de soi, groupe divisé en soi, espaces répartis et monde retranché, le corps du verbe déchiré. L'immanence n'en finira plus de rattraper la transcendance ; elle se répand dans le temps, le martyre est faux témoignage et mort. Le signe, infiniment, retarde sur le sens, s'éparpille à travers l'étendue, épars sous les pierres. Ceci est la nouvelle histoire. Celle du peuple élu et des peuples sans élection. L'histoire est la longue agonie des signes. Le langage est l'agonisme des signes. Et Dieu n'en finit jamais de mourir.

L'iconographie de Carpaccio est la représentation iconique, par le tableau, diaconique, par le servant de la parole, par l'opérateur et l'indicateur du verbe, la représentation hagiographique et rigoureuse du problème global de la prédication. Et c'est le titre même. L'idéographie de l'idéologie. La logographie des formes.

●

La beauté, margelle du puits. Avertissement, signal à la marge, qu'ici, en ce lieu, est un puits. Un trou, vertical jusqu'au noir, dans la terre que nous habitons. Où notre voix se perd en écho et revient. Jamais, avant Carpaccio, je n'avais avancé, même un peu, dans la direction de certains problèmes. Annoncés, partout ailleurs, comme des problèmes, ici présentés, pacifiés, résolus, dénoués, dans l'information infinie marquée sur quelques pouces carrés de tissu. Fenêtres sur un paysage déjà vu mais à voir où telle culture se découvre et se love. Fenêtres de notre maison, de notre habitat, donnant sur notre terre culturelle. Panneaux de l'église donnant sur l'église, espace image de l'espace, tableaux d'instruction pour l'école. Nos tableaux sont noirs par une prétention à l'universel, des tables rases à faire oublier, dès l'enfance, notre anthropologie culturelle. Tableaux de maître ou tableaux noirs, synopsis morphologiquement résumée, tableaux synoptiques des écrits synoptiques, de la tradition et de la raison qui s'y loge. Reflets. Chacun des éléments à sa place, en son lieu naturel, à savoir culturel, qui n'est autre qu'un lieu. Patterns fabuleusement complets, optimaux, saturés, des espaces où on parle, où on rêve, où on vit et travaille. Notre culture est un espace, un ensemble d'espaces, de notre habitation, de nos gestes et de nos transes. Le discours le rend ou les rend, parfois, problématiques, à force ou à faiblesse de linéarité. Il se pert dans le labyrinthe, dans le nœud des sens. Le maître dessine, il rend à l'espace les sens de l'espace, tout devient clair et lumineux, car tout se met en place. Hagiographies, à première vue. Iconographies. En tout cas, idéographie restituant au lieu la fonction que le discours, écrit ou parlé, a volée. Sémiographie en général. Notre culture en tous les sens, traçant le champ de nos espaces.

Alors *par les morphologies présentées, les isomorphies surabondent.* Entre la religion et le fonctionnement du langage, entre l'histoire et la psychologie, telle pratique et telle stratégie. La conversation, la naissance du Verbe, l'analytique du discours. Le malheur ou l'heur du guerrier, l'architecture de la ville, et la fondation du savoir. La cité du commerce et le corps virginal. Et ainsi de suite. Or, l'espace habitable n'est jamais directement ou celui-ci ou celui-là. L'espace culturel où tel groupe demeure, travaille, vit et raisonne ou parle, est l'*espace des isomorphies.* L'ensemble des relations fidèles réunissant les opérations et les éléments de chacun des espaces reconnus comme différents. *Il n'habite pas son histoire, ou sa religion, ou ses mythes, ou sa science, ou sa technologie, ou sa structure familiale, il niche dans les ponts qui font communiquer ces îles.* La culture, sa culture n'est plus un espace ou des espaces qualifiés, elle est, précisément, l'espace des isomorphies entre ces espaces nommés. Carpaccio *pontifex* pense à cette hauteur, ou cette profondeur. L'arrivée, le retour des ambassadeurs l'ange ou le messager qui trouble le sommeil, le départ des fiancés sur le pont de bateaux. Pour l'alphabet, son espace est morphologique, pour le sens résultant, il est isomorphique. C'est par là qu'il maîtrise la plastique du tout.

Par ces multiples et complètes versions d'un espace dans l'autre, l'artisan qui travaille et l'écolier qui voit accèdent à l'uni-versel. A l'universel de leur habitat. Relatif à leur culture et relationnel par les espaces de leur culture. Impossible à concevoir comme tel, à dominer par un concept, plongés qu'ils sont tous deux dans ce bain d'espaces. Universel sans concept, pour eux. Mais surtout, en soi. Car il ne s'agit pas du religieux, ni du langage, ni de l'histoire, et ainsi tout autant qu'on voudra, mais de la saisie active et aveugle des morphismes en général qui lient ensemble ces catégories. Ce lieu de parcours est bien le plus universel, ici et maintenant, mais dans la vérité du relatif. Le plan de la maison, à géométral inaccessible. Jérusalem dans sa totalité, dans sa circonscription, mais vue inévitablement de ce site où je passe. Ils accèdent à la nécessité de leur monde, à sa liaison, à sa cohérence, jusqu'aux bords mêmes où elles plongent dans la contingence : espace vague et dangereux où se défont tous les morphismes, sous la dent du dragon ou sous le jet des pierres. Ils accèdent à la finalité qui est la leur propre, au lieu de la fin où s'absente la fin, par l'itération infinie des parcours. Ce vers quoi tout converge est atteint et voilé. Ce par quoi tout concourt est en place, mais fuit. Par ces versions et ces errances, ils accèdent à la beauté. Le pinceau ne peut plus trembler, ne peut plus hésiter sur le mélange des lumières, il habite la loi des miroirs et le nœud des couleurs. Il habite la margelle du puits, de ce puits vertical jusqu'au noir, traversant la terre habitable, où la voix se pert et revient. Qui a perçu un jour ces totalités non centrées, les raisons de leur mise en regard, ne pouvait plus produire que du beau, ce signal, pour nous, qu'il a vu. Le tremblement de sa transe calme. Sa toile rayonnait comme le visage d'un ange.

Solution des paradoxes ordinaires : la culture assumée ici, résumée, comme épelée par les morphologies, est une totalité sans concept. L'errance au long des isomorphies. L'espace fibré des voyages d'espace en espace. Ils ont cru trouver le concept, ceux qui ont fait de l'un d'entre eux l'espace des espaces, qui ont acclimaté l'inévitable contradiction de l'entreprise en l'intégrant à leur propre logos. La vérité, vibrante ici, est qu'il n'y a pas d'espace dominant. Que les morphologies sont posées sur ou dans l'espace relatif des isomorphies, et en lui seulement. D'où cette liberté qu'on dit parfois être l'essence de l'œuvre d'art. Prisonnière de sa culture, mais libre, en la tissant. La synopsis culturelle du travail génial totalise sans concept, mais par les morphismes. Elle parcourt l'habitat, la maison. Sort de l'église, passe sous l'arc, et longe les arcades. Les pièces qu'on aime habiter ne sont jamais celles que l'architecte a conçues dans ce but, mais les couloirs, les escaliers, les pas-perdus. Et, dans la cité, l'agora. Ainsi les villes sans places publiques sont-elles des enfers. L'espace habitable est l'espace relationnel. Les ponts. Où l'on passe, d'où l'on voit, où l'on danse. L'esplanade large de Jérusalem, où se rencontrent le vent d'Orient et le nuage occidental. L'espace qui fait de la prédication sacrée l'ordinaire prédication, et du langage de la rue le verbe divin. Celui qui fait de ma parole, un saint langage. Celui qui fait de nos pratiques un fondement, et de nos hasards la nécessité. Tous absolus culturels construits par le relationnel. Et ainsi résolus.

D'où la solution du second paradoxe esthétique. De part en part culturelle, la beauté se perçoit d'ailleurs. Beauté en deçà des Pyrénées, laideur au-delà. Pourtant, je suis bouleversé des masques africains et des statues mayas. Pourtant Carpaccio, par-delà le pont des Schiavoni et par-delà cinq siècles d'histoire, délivre son message en clair, comme mille soleils. C'est que je vois enfin la fin, le concept, la nécessité qu'atteignait l'artisan et qu'il peignait, de soi, par son corps culturel et par sa vie entière, sans jamais en former une claire catégorie. Kant lui-même ne la pouvait former, par la faiblesse de son anthropologie naïve. C'est que je suis ailleurs et debout sur un autre rivage ; cette culture là, depuis ce temps, a fini son chemin dans l'espace. Ici, en précision : par les fragments de sa culture, j'accède à Carpaccio, par lui, le tisserand, je la comprends, même si, pour lui, elle était, au bilan, voilée. Cette culture-là, celle du Cinquecento, Venise souveraine et le commerce en Orient, a explosé. La mienne est en morceaux, pour ne pas exister encore. Lapidation d'autrefois et pierres en attente. Par la fragmentation du savoir, par décomposition des langues et des formes, par ces membres épars qui nous valent de ces espaces qu'on dit abstraits, tableaux noirs, puits nouveaux, je suis malade par le manque d'isomorphies. Mon corps culturel est en pièces. Je ne rencontre autour de moi que des Étiennes lapidés. Qui n'ont, pour habiter, que coupures et dispersions. Errance par tous lieux sans promesse d'un lieu, sauf d'un espace élu dominateur et despotique. Les pierres sont en tas ou éparses dans l'étendue. A qui lapide, à qui dilapide, à qui taille et coupe. Notre angoisse tord les morphismes du morcelé. Voyages. Stuttgart, Paris, Milan, par le corps lapidé du diacre. Où nous attend l'éblouissement des isomorphies. La table d'un espace apaisé des concours, où les différences sont sauves. L'universel des versions, accompli ailleurs et en un temps perdu. Un universel de culture, celui de Venise morte, aux eaux sales et noires des canaux en lacis, sa nécessité suspendue, son monde fossile, sa fin cristallisée. Non point le reflet d'un état, mais la loi, mais le chiffre du parcours des rayons lumineux, d'espace en espace. Mon ignorance, oui, ma barbarie, pour dire vrai, mon inculture, m'ont amené d'instinct à la révélation carpaccienne : une science.

VENISE

Le Rêve de sainte Ursule

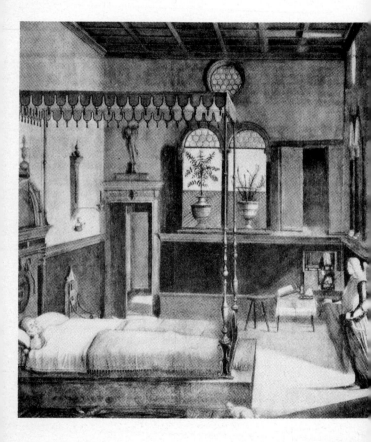

Enfance

SYMBOLES

On voit fort peu d'*Annonciations* où la Vierge ne se tient pas auprès d'une fenêtre ouverte ou sous un porche offert. Chiffre du don, de l'abandon, de l'accueil et de la confiance. Code écrit du oui prononcé. L'ange, l'oiseau, le rayon de lumière glissent, stables, par ce pertuis*.

Voici une autre annonciation, où la Vierge n'est pas la Vierge, où l'ange apporte un message de mort et non pas de semence, où le oui est latent sous la clôture du sommeil.

Ursule dort dans la clarté première de l'aurore. Lit sans rideaux, placard béant, portes et fenêtres ouvertes. Les yeux fermés, tournés vers l'Est. La légende dorée rapporte qu'elle rêve. Or le tableau comporte une légende. Sous le coussin, comme suspendue à sa broderie, une boule blanche à moitié dans l'ombre présente le mot *infantia*. Non point écrit d'une seule venue, mais découpé en trois syllabes : IN-FAN-NTIA. Par la répétition du N. Coup de génie. Ursule est jeune, certes, mais fiancée ; elle n'est pas ou n'est plus une enfant. Dès lors, c'est la clef du songe. Le rêve concerne l'enfance. Le rêve concerne le mot, ce mot coupé de telle sorte qu'il dit la parole dite et l'impossibilité de la dire. IN, le négatif dans

---

* *Ma langue au chat.* A (ne jamais) paraître.

l'ombre, et FAN, le prononcé ou l'annoncé, dans la lumière. Elle rêve et revient à l'enfance, au langage et au non langage. Légende exacte de tout rêve. C'est une annonciation et ce n'en est pas une. C'est une énonciation et ce n'en est pas une.

•

Le mot est coupé. Le lit est coupé. Sainte Ursule y trace un sillon plus long que son corps. Partition tranchée de la couche telle que ce bord-ci est dans la lumière de l'aube, l'autre un peu plus dans l'ombre.

La place vide inoccupée, l'espace attente ou l'espace refus. La fenêtre, en face, est coupée, par une colonne cachée derrière un des appuis du baldaquin, ciel de lit ou de catafalque. Ouverture, à gauche, plongée dans le volume ouvert par le dais, ouverture, à droite, exclue de cet espace. Celle-ci n'est qu'à moitié occupée par un bouquet d'œillets sorti d'un vase ouvert. Le symbole des noces, du mariage promis, *ratum sed non consommatum*. Mais la première est totalement envahie par un arbuste de myrte né d'un vase fermé, à col assez court, un peu asymétrique. Bien entendu, les deux fenêtres sont coupées, au sens horizontal. Vases protégés par deux claies, fleurs ou dans l'espace ou dans sa moitié. Le myrte est symbole d'amour, dédié à Vénus.

Bona Dea, divinité romaine, est fille de Faunus. Aimée de son père, elle ne voulut jamais céder à ses désirs. Un jour, il l'enivra de vin. Elle demeura chaste, même en cet état. Faunus, alors, la corrigea au moyen de verges de myrte. Depuis ce jour, le myrte fut exclu de son temple. Dans une autre version, la bonne déesse est femme de Faunus. Pudique au point de ne jamais quitter sa chambre, et fidèle sans exception. Un jour, elle trouva un vase plein de vin, en but et s'enivra. Son mari, à nouveau, la fouetta de ce myrte ; elle en mourut. Depuis, les hommes, Hercule y compris, sont exclus de ses rites. L'arbuste peint est à la fois amour, inceste et mort. L'enivrement aussi : d'où le retour de Dionysos. Qui, par un complément symétrique, va chercher aux Enfers sa mère Sémélé. L'obtient d'Hadès en échange du myrte. Ainsi les initiés aux rites dionysiaques ont-ils accoutumé de couronner leur front de ce rameau. (*La mère* d'Adonis est métamorphosée en myrte). Au bilan, de nouveau, inceste, mort, ivresse.

Ursule apprend qu'elle va au martyre. L'ange le lui annonce en rêve, cet autre état second. Elle est fiancée à un prince païen. Le myrte, à l'intérieur de l'espace du lit, dit sans le dire amour et mort au creux du rêve. Ce qu'il annonce, en plus, sans l'énoncer, la légende l'expose tout au long sans le dire. Ces amours ne furent pas simples.

Les ambassadeurs sont venus, et Ursule, derrière le mur, a posé des conditions complexes : baptême, pèlerinage. La légation congédiée, la voici revenue. Départ des fiancés, voyages. Elle fuit les noces jusqu'à la mort. Pourquoi ? Dans le silence suspendu de la chambre à l'ange, le myrte silencieux répond. Et il répond : l'enfance.

Le rêve résiste à l'Annonciation. Et l'espace entier, maintenant, est coupé en deux. Le volume compris dans les colonnes et le dais, la partition exclue de cet espace. A droite, la fenêtre ouverte où, derrière la claie, caché, le bouquet d'œillets tente timidement de recouvrir les lieux, n'y parvient pas, laisse un ciel vide ; l'armoire ouverte annonce un creux noir ; l'ange de l'aube porte la palme du martyre et de la chasteté. Ouverture à demi laissée, ou sombre, ou mortelle. C'est bien l'inverse de l'Annonciation. Dans le volume découpé par le lit, le myrte de l'inceste et de l'amour du père, couvre de son réseau le ciel entier de la fenêtre ; et la porte, à gauche, est ouverte ; et donne sur un cabinet, l'arrière-fond, où la porte est encore ouverte. Curieusement, paradoxalement, une lumière tombe aussi de cette ouverture. Comme si le soleil, levé à l'Est, côté de l'ange, se levait encore à l'ouest, du côté de la chambre noire. Le rêve et la partition de l'espace dévoilent d'un coup les secrets. Les ouverts de droite disent les noces retardées, le supplice et la mort, par la palme et l'œillet, disent, de profil, l'aube tremblante et douce, disent, de face, et sans la dire, la ténèbre sans fond des motifs. Le cube où le corps dort et rêve, illumine, par la lumière de derrière, la motivation et le double fond. Cette lumière éclaire la place vide inoccupée. La boîte, noire à droite, s'ouvre et blanchit à gauche. Voyez sur le mur clair où s'adosse le lit, tous les symboles transparents qui montrent qu'Ursule est, déjà, symboliquement pourvue. Le siège vide est occupé : les vrais anges sont invisibles. Celui-ci, Dieu sans doute et sans doute le père, vient d'entrer par la porte du fond, dans le rayonnement rétrograde, infantile, de l'aube de l'ouest. Il était là depuis le soir.

Tout ceci dessiné en formes et formulé dans la légende

écrite et coupée : IN-FAN-NTIA. Dit et non dit, chiffré, indéchiffrable. Tout ceci écrit sur la table et les livres, par la plume arrêtée, posée, pendant que le temps dort au sablier figé.

Espace du conscient, comme on dit, et de l'inconscient. Espace du IN, noir mais éclairé. Espace du FAN, éclairé mais noir. Les trois colonnes, au milieu, par leur alignement et par leur décalage, scandent la profondeur du tableau ; elles partagent exactement la profondeur du sens. Il passe, par l'écart des barres, comme la parole du messager.

Dénonciation à deux anges de la haine du corps. Tableau calme, paisible et dévastateur.

Autant de mitres, bientôt, que d'épées.

BERLIN, NEW YORK

Christ mort

La mort du signe

Sur la table pont de la conversation, le verbe avait pris chair. Par signaux, sens et signe. Sur la table pont de Berlin, il est mort, tout le monde a fui. Deux hommes s'interrogent devant le trou noir du tombeau, le non-sens. Deux femmes appuyées joue à joue mélangent leurs larmes, et les appels de leurs soupirs. Deux figures découpées dans le ciel nuageux, égrènent, sur leur instrument, quelques notes plaintives. Tout est rompu, les colonnes de pierre, les ossements épars, sur les lieux du Crâne, le Golgotha. Tout est rompu, et la pierre et la chair et le verbe. *De la diagonale à la croix*. Deux par deux, le sens est devenu non-sens, l'appel clamant devenu plainte, et le signal revenu au signal. Dispersés dans l'espace où les hommes sont seuls, sauf les composantes du Verbe. Table de dissection et tableau de dichotomie. La disjonction de la parole.

La biche, à Caen, léchait le cou du cerf. Le cerf est, à New York, forcé à mort par le lion. Le verbe est mort, ce soir encore. Reste le perroquet, parole répétitive et morte. L'oiseau, vivant, s'est envolé, dans un ciel encore déchiqueté. Le verbe mort est affaissé sur le trône de l'Écriture. Tablettes gravées en hébreu sur le marbre cassé. Information morte, message rompu. En haut, par la fracture, complexe et dévorant la phrase, en bas coupé par les jambes percées, la main trouée, la couronne d'épines. La Parole ne parlera plus, l'écrit est couvert de caviars. Vieillards silencieux s'efforçant au geste, ils ne se voient plus. Espace infesté de lion et de léopard. Non loin du tombeau ouvert, le fauve dévore le cerf aux abois. La mort a gagné la partie. Le poinçon devenu épine, transformé en croc. Sagittal. Doryphore. La décomposition détruit l'espace de l'icône, ensemence la terre de pierres et d'os. Verbe devenu chair et chair devenue pierre. Mort, le non-sens. Silence du signal. Le verbe expiré, même le signe se délabre. La mort du signe et le cancer de l'inscription.

119

VENISE

Les deux courtisanes

Pavane

Depuis les enthousiasmes de Ruskin, justifiés par son faste chromatique, le grand Carpaccio du musée Correr a été enseveli sous l'historicisme infantile de nos pères. Exemple canonique d'une esthétique bloquée entre un esthétisme éloquent à noms propres, adjectifs et points d'exclamation, le narcissisme sentimental, l'exhibitionnisme voyeur des esthètes, et la cuistrerie précise de ceux qui tournent le dos à l'objet pour s'empoussiérer de dates, de généalogies et d'événements ponctuels. Moi qui ressens et moi qui sais, théâtre et pseudo-histoire, il faut bien écrire des thèses.

Qui sont ces femmes ? La tradition disait : deux putains. Deux courtisanes à la montre. Les doctes répondaient : deux dames vénitiennes, de haute famille, les Torella, sans doute, dont les armes sont reproduites sur le vase du fond. La discussion est interminable, par manque d'un critère pour la décision. Elle est frivole et ne dit rien sur le tableau. Elle reflète le partage en classe : nobles ou ignobles ? Comme si la différence était grande entre deux putes à clinquant et colifichets, à prix temporaire, répétitif et bon marché, en vente ici ou là, et deux bourgeoises à bijoux, à prix d'or et définitif, vendues par contrat écrit et signé. C'est bien le mot, à peine un iota de distance.

●

Voyez d'abord combien elles se ressemblent. Même coiffure et profil analogue, même nuque et mêmes épaules. La jaune est jeune et la rouge mûre. La lèvre retroussée ou le double menton, le sein peu marqué ou la poitrine lourde, posture droite, voussure fatiguée. Mère et fille, deux sœurs ? Non, la question n'est pas de distinguer ou d'identifier courtisanes et dames d'œuvres, mais porte sur la différence entre elles deux, tout simplement. S'agit-il de la même femme, au matin et au soir de sa vie ? La jeune est jaune, la mûre est rouge : levant, couchant sous l'œil du paon, oiseau solaire. Sans référence ailleurs que sur l'icône même où, par une exception presque unique, manque le fond.

Le fond, paysage urbain ou rural, murs de chambre ou de cabinet, comportait à peu près toujours un bestiaire. Un chien contemple Augustin au travail, un autre veille au chevet d'Ursule, un lévrier somptueux penche son museau blanc sous le roi baptisé, auprès du château fort au chevalier morose un bâtard fait la garde. Ici le lévrier, gueule en profil, revient, une patte sur un message, et cette bête de salon, grassouillette, apeurée, obscène. Colombes et paon sont posés çà et là, voir le miracle du lion et le mur du château, plus le perroquet rouge auprès du lévrier, rouge des répétitions cuivrées des buccinateurs. Voici donc les oiseaux revenus. Devant les femmes, dames ou putes, doubles, un bilan du bestiaire. Il occupe autant de surface que personnages et atours, il les balance.

●

Les animaux, que l'on croyait du fond, ou posés, ici, là, comme ornement, pour le décor, viennent ici, autant sujets que les sujets. Nous avons perdu depuis peu ce rapport à la bête et le langage qui s'ensuit. Les savants le retrouvent dans les livres sur les sauvages, mais nos pères et nous en gardons la mémoire. La sainte conversation, c'est le baiser des cerfs. La morale héroïque et martiale, c'est la lance du cuirassier dans la gueule dentue de la bestialité. L'éthique du boucher. La délectation morose à l'épée, c'est la transformation des oiseaux, lapins et biches de l'Eden, dans la triste dualité de l'hermine et du cynocéphale. Bien et mal, blanc et rouge noir. Faune affolée devant le roi lion comme moines en fuite devant Jérôme. Autour du Christ mort, cette population fraternelle a fui. Augustin chien, baptème au lévrier, Georges dragon, chevalier singe et chaste. Encore un chien entre Ursule et l'ange. Est-il ou n'est-il pas la sainte ou le chérubin ? Les dames-putes de Venise, de la main, du geste et de la posture, sans un regard pour lui, tiennent discours à leur bestiaire. La femme et la bête. La féminité dite par pattes de tourterelles, plumes et poil, aigrette. L'animal ou la bête, alphabet.

●

Le fond est vide, nu, le cadre est une balustrade à colonnes. Femmes, bêtes fermées ensemble dans un espace dénué d'extérieur. Hors des limites, pas de salut. Point d'horizon, point de campagne. Plus de lointains où se perdent les yeux et qu'espèrent les muscles. Arches basses donnant sur la toile opaque. Parc d'enfant pour adultes où l'enfant rouge et vert trouve le monde entier, d'où les adultes, stupéfiés, découvrent qu'ils ne sont pas sortis. Parc d'enfant, chenil ou volière. Bordel ou palais. Volume froid marqué de marbre et de néant. La geôle. Elles regardent toutes deux, en parallèle, vers un ouvert absent, filles prisonnières au fond de la cage dorée. Aux barreaux plaqués sur un mur. Coincées définitivement, désespérées, claustrées, entre la pierre et le troupeau, entre l'institution et l'enfant. Moins à la montre qu'à la chaîne : colliers de perles, collier de chien. Les bêtes font barrage. Femmes acculées aux sept piliers sociaux, seul le regard rêve dehors. La cellule. De gros objets dans un panier.

•

Deux femmes, deux colombes, deux vases et deux chiens. La féminité tourterelle et la féminité vaisseau. Urnes à gorge et col placées là sur la colonnade où les pigeons se sont posés, juste à côté de la grenade. L'un à poitrine lisse et l'autre à gorge pigeonnante. L'amour, platonique et plus sensuel, le réceptacle et la fécondité : les oiseaux de Vénus, les vases d'élection d'où montent les tiges, les feuilles et les fleurs, et les mille pépins dans le ventre du fruit. Alphabet du programme.

•

Premier temps. La prégnance lourde des femmes induit, chez le lecteur, le réflexe culturel des *symboles*. Il déchiffre l'ensemble des objets alentour comme leur analyse. Urne, fleur, oiseau, fruit, série décomposant la substance féminité. Par attributs : comme le gril pour saint Laurent, et pour Joseph, les lis. Alors l'éros est dit par la colombe, le fécondité par les vases, et la fructification par la grenade qui va s'ouvrir. Méthode symbolique, propre au siècle passé, mais qui se pratiquait avant lui jusqu'à Carpaccio, et du peintre à l'aurore des temps.

Ces symboles sont pris un par un, et ils forment une série. Bien alignée sur l'horizon de l'appui à colonnes. Linéaire comme une phrase. Suite analytique, attributive. Le *sens* s'involue, comme additionné ou produit, sous la robe des femmes, il se déploie, se décombine et se divise, dans et par la série. Interprète ou prestidigitateur : du mouchoir de la dame un vol de tourterelles, un bouquet de fleurs, un panier de fruits. Mon corps, mes amours et ma fécondité. Les objets du monde alentour décomposent mon sens secret enfoui indéchiffrable. Le héros du sens est un magicien, il extrait mille objets d'un sujet. Inversement, le gourou, le marabout, le prêtre, est un héros du sens. De même l'interprète ou, comme on disait au dix-neuvième siècle, le génie.

La série des symboles forme une phrase linéaire, est

un premier récit. Elle est l'historiogramme des deux femmes. Et le tableau est leur histoire. Ou, si l'on veut, le drame vital d'une seule, de la jeunesse à la maturité ; ou, mieux, le temps essentiel de la féminité en général. Cela commence bien sur pattes de colombes et comme promesse d'un fruit, et cela finit par les chiens et aux chiens. Chienne de vie, chiennes de femmes, *mundo cane*. Le songe d'Athalie. La mère, l'ornement, l'âge et la mort canine. D'où je raconte autant d'histoires que je veux au moyen des objets symboliques. L'esprit de Dieu parut sous forme de colombe et l'ange s'annonça, porteur de branches et de fleurs ; le vase mystique dit oui, voici qu'il engendra le fruit de ses entrailles. L'incarnation au sens testamentaire et traditionnel se lit sur la séquence alignée sur l'appui de la colonnade. Symbole de la vierge, de la mère, de la féminité, symbole au sens de texte, comme on disait symbole des Apôtres. D'où ce tableau comme version, parmi d'autres versions, d'une histoire qui se raconte, qui se rapporte, stable, dans une aire culturelle donnée, sur la condition féminine. Histoire qui n'est jamais que symbolique et dite, épelée, par symboles : de la faune, de la flore, des artefacts. Par éléments de nature et de pratique, glissant de métaphore en métaphore.

•

Deuxième temps. Triste la femme qui détourne ses yeux de sa phrase expressive, qui ne croit plus à son histoire alignée non loin de son coude ; elle l'a tirée de sa manche et de sous son mouchoir. Au bout du rouleau des mystères. Elle a tout vu et tout dit. Le voyage du sens est clos. Fatiguée des symboles et prisonnière de leur vide. On peut aller au bout des histoires, par *combinatoire* exhaustive des éléments de la série.

Dès lors, je considère la série comme ensemble. Elle n'est plus linéaire comme une histoire et une phrase. Elle est un espace. Relisons, le long de l'appui. Colombe douce et virginale, amours toutes pures, vase à col étroit

127

et ornementé, vierge présentée, colombe alourdie à forte poitrine, fruit plein de pépins. Texte simple, monodrome, à versions isomorphes, histoire d'amour ou destin du corps. Lisons, maintenant, dans l'espace et dans un ordre quelconque, avec ou sans omission, avec ou sans répétition. Soit alors un ensemble : colonnes, oiseaux, grenades, fleurs, etc. Circulons d'un élément à l'autre, sans les contraintes de l'ordre sériel. Ce voyage produit, à son tour, des textes, des histoires, d'autres versions.

I, *Rois*, 7, 15-22. Salomon bâtit les colonnes du Temple. Hiram coula les fûts de bronze. Il fit alors les chapiteaux. Puis les treillis pour en couvrir les tores. Enfin, il posa les grenades : deux rangées autour de chaque treillis, en tout quatre cents, appliquées contre le noyau. Deux cents grenades par chapiteau. Et vers le sommet des colonnes, ils étaient en forme de fleurs. Carpaccio, architecte du temple.

Upanishad. Les colonnes sont arbres de vie, elles sont axes du monde. Les oiseaux, messagers d'ailleurs, se posent sur elles, comme sur l'essentiel ou le résumé de la terre. Ils sont toujours deux. L'un se blottit tout près du fruit, pour le manger. L'autre regarde ailleurs, sans manger. Ame et corps, connaissance et pratique, séparation et plongée dans les choses.

Ainsi puis-je circuler dans l'aire indo-européenne, ou sémitique pure, ou judéo-chrétienne, parmi les versions buissonnantes des sens et des récits. Les histoires se croisent et s'entrelacent, comme en réseau. L'objet symbole, colonne, oiseau, grenade, perd son univocité, il est un nœud surchargé, comme celui du temple de Gordium. Les colonnes sont des limites, des *non plus ultra*, les fondements ou l'expression de l'ordre, ordre induit par l'homme et la société masculine ; mais la nécessité du monde ; phallus, axes de l'univers, piliers du ciel, raisons du cosmos, fructification : et ce qui les couronne est féminin. La colombe est l'eros, elle est l'âme, ou le messager. La symbolique foisonne. Or la condition de lecture, ou le contrat passé tacitement dans l'écriture de la phrase, est *qu'il existe une relation biunivoque entre le symbole et son sens*, la série des objets, oiseau, vase, grenade, et la série visée, ange, utérus, incarnation. La méthode dominante de déchiffrement suppose cette relation simple. Or, il ne faut pas voyager beaucoup pour la voir s'évanouir : il suffit d'ouvrir n'importe quel dictionnaire. Par le foisonnement des relations, la condition élémentaire d'écriture ou de lecture s'efface, tout paraît se disséminer. Le vouloir-dire explose en étoile.

D'où ce deuxième temps. Je ne considère plus deux séries linéaires, placées en parallèle, où chaque élément est mis en relation avec chaque élément de la série voisine, de manière biunivoque. Je ne considère plus une phrase et son sens, ni le contrat de décodage. La méthode est forclose, c'est la noyade. Je considère l'ensemble des objets. J'obtiens quelque chose comme un espace, et sa tabulation. L'espace, le voici, découpé par le cadre et par la colonnade. L'interprète, le récepteur et l'émetteur, passent ensemble à la combinatoire. Voici la suite monodrome sur l'appui : tourterelle, vase, grenade. L'ange a parlé. Voici la suite verticale : colonnes, grenade, fleurs. Hiram et le roi Salomon bâtissent le temple. Voici maintenant une série coudée : colonnade, colombe, deuxième oiseau et fruit. Sagesse des *Upanishad*. Et ainsi de suite. Je tabule ce qui est tabulé, le tableau. Rien d'étonnant que tel objet, comme tel mot, soit à la croisée de multiples chemins. Alors, vous pouvez lire *dans tous les sens*. Je répète : dans *tous* les sens, car la combinatoire, dans le fini discret, parvient à l'exhaustif. Et les *sens* de l'espace, et les sens de l'objet. Colombe, enfant. Oiseau-colombe, paon, perroquet. Colombe, chien. Je n'ai plus qu'à compter. Lignes et nombres. Et raconter autant d'histoires. Deux pigeons s'aimaient d'amour tendre. Les deux femmes se ressemblent trop pour ne pas être de Sapho. Et voyager, *dans tous les sens*, sur l'aire culturelle, pour y retrouver, variés, exacts et *déjà là*, mythes, récits ou textes. Vous ne courez d'autre danger que la fortune, la somptueuse exubérance. L'icône à deux dimensions, qui en simule trois, porte infiniment plus d'information que les messages linéaires : elle les inscrit tous en sautoir. Et dessine la carte des pays parcourus, comme la toile de Pénélope faisait et défaisait les voyages d'Ulysse errant. Ce n'est pas l'explosion, c'est la gerbe totale. Non la misère et la dissolution, mais la somme des solutions, parmi l'opulence.

Dès lors, ce qui est en vue, ce n'est plus le sens. Il n'est pas en question : il est exhaustivement obtenu. Par frayage des voies, du vase au bâtard, et de l'Inde à l'Irlande. Le problème n'est plus de tracer la relation biunivoque, mais *la loi du simplexe et ses opérations*. L'exigence méthodique était faible, aux temps trois fois heureux de nos aïeux naïfs et des stratégies symbolistes. Elle se contentait de relations un-un. La colombe pour mes amours, une grenade pour son ventre. Déjà plus forte, quand nos pères considéraient le multiple tel quel, ses *combinaisons* et ses lois. Venus de la Renaissance reprise, ils s'arrêtaient à l'âge leibnizien. Ce qui est en vue, désormais, ce n'est plus la relation, ce n'est plus la loi du simplexe, mais les isomorphismes. Exigence la plus forte, puisqu'ils conservent les opérations, d'ensemble à ensemble. Voyez le chemin parcouru : méthode symbolique et relation un-un, décodage ou transcription ; combinatoire des séries possibles dans un ensemble pris pour tel ; isomorphies, enfin, de structures. La route est tracée, de l'âge romantique à nos jours. Du compte en chapelet à l'algèbre. La perte du sens, par totalisation et transports, n'y est pas un irréparable malheur, mais une étape inévitable.

•

D'où le troisième temps. Le tableau, maintenant, comme ensemble d'objets, de relations, de sites et de suites, est *isomorphe* à telle formation culturelle : religieuse, linguistique, etc. mais aussi à telle formation, chrétienne, sémitique, indienne, etc. Les opérations se conservent d'un ensemble à un autre, séparés cependant par l'étendue innombrable du ciel. Ainsi je parle à mille voix, et n'écoutez les métaphores qu'en ce qu'elles remplissent les espaces de leur transport. Tel élément mobile est posé sur tel élément fondateur. Femmes (mais que m'importe, j'aurais pu dire objets) femmes-objets, peintes par Carpaccio comme objets, *posées*, là, *devant* nous, assises, fixes, stables, fermées au gynécée (mais qu'importe le lieu), visitées par ce qui voyage : oiseaux, chiens, enfançon, j'aurais pu dire messagers, anges et transporteurs. Les métaphores viennent regarder leur gel en statues de sel. Le stable et l'instable. La colonne et sa voûte, le pied avec son pas, l'appui et sa portance, le socle et l'enjambée, Hermès, Hestia, la vierge et l'ange, mais que m'importent les figures. L'arche, la porte. Ce qui vient par la porte, et amène le message d'ailleurs, ce qui demeure dans les portes, comme invariant stabilisé. Ce qui reste est l'identité. Stable par les transports sur pattes de colombes et sur pattes de chiens, sur les ailes des tourterelles et les cent yeux du paon, sur les répétitions du perroquet, sur les allées venues de l'enfant. L'identité : deux femmes, la même femme, *le même en général.* Psitaccisme de la colonnade : la même colonne, pas après pas, marche par arches, entoure l'espace et revient, comme il faut, bien en carré, comme le cadre, au même endroit.

Alors, dessinée sur le sol, écrite sur le marbre rouge, rosâtre et noir, *la loi.* Le carré, le cercle au milieu, moitié de carré, moitié de cercle ; et, de nouveau, le carré blanc, le cercle noir, moitié de cercle et moitié de carré. L'identité qui se répète, ceci autant qu'on veut. Autant qu'on veut par histoires et lois, par séries et séquences, par ensembles et relations, par tout l'espace culturel et par les métaphores du sens. L'identité infiniment reprise, la stabilité par le centre, la clôture dans la clôture, carrés dans le carré, cercles dans le cercle, centres sur le centre. Deux femmes analogues, deux pigeons et deux chiens, qu'importent leur tunique, leurs plumes et leur poil. En fait, c'est-à-dire en loi, deux cercles, deux carrés, tout autant qu'on veut, et homothétiques. Identiques stabilité, par itérations, de l'espace fermé. Rien n'est nouveau sous le soleil, sous les pattes du paon, oiseau solaire, sous les pattes du perroquet répétitif. Sagesse de qui a construit le temple, et a peint l'espace. Vous ne bougez pas plus qu'un cercle ne se meut. Voyez : elles n'ont pas de pieds. Ceux-ci sous la robe rouge, ceux-là dans des chausses vertes cousues à sa jupe. Identiques et immobiles. Vous sortez du cercle et vous revenez dans le cercle. Prenez la tangente, le côté du carré, la porte sous colonnes, sortez, volez à tire d'ailes, courez ventre à terre, montez au ciel, ce second cercle dominant le premier cercle de la terre, vous reviendrez par la tangente, le second côté du carré, la deuxième colonnade, ou par une corde, selon l'autre cercle, cette corde tendue de la femme au chien, serrée dans la main, mâchée par les dents. Par cette corde, le lévrier tourne autour de la femme, ou celle-ci autour du chien. Tout peut bouger, mais tout est fixe. L'espace est luxueux de différences, mais tout se résout à l'identité. Le *veltro* lévrier de Dante, comme le pigeon voyageur ou le chien d'arrêt : l'envoyé qui revient, le message écrit sous la patte. Pourquoi y aurait-il un fond et pourquoi multiplier l'étendue ? L'espace est là, en résumé, légalisé sur le pavage en marbre, sous les pieds absents et les pattes présentes. Non seulement la loi du tableau, par un et multiple, par différences et identité, transports virtuels et stabilité, par temps fluent et fixité, mais cette loi d'isomorphie, que je demande. Je suis le pigeon, le lévrier, le paon, le perroquet, l'enfant : je vole et je cours, je regarde avec mes cent yeux, je répète et remplis mon petit sac rouge, de l'Inde à Jérusalem, de l'Iran à Venise, d'un ensemble à un autre, d'un cercle à un second, du carré blanc au cadre à colonnettes. Voilà : ils sont comme emboîtés, répétitifs et construits de même façon. Je n'ai jamais quitté le cercle de la femme. Ce point, tangent ici, se retrouve à l'intérieur, là, sur une même forme opératoire. Ce message écrit, rapporté par moi, lévrier, c'est le nom de celui qui a peint le tableau, qui a construit les cercles.

Ainsi n'ai-je plus besoin de rien d'autre. *La loi structurale* est gravée sur le marbre. A la lire cela suffit. Traduisez-la en autant de dialectes qu'il y a et a eu de voix dans le croissant fertile, et venus de partout en écho parmi l'archipel de Venise, et vous retrouverez la luxuriante surabondance du sens ensemencée plus haut. La gerbe totale est liée par le cercle. Différences volantes et multiples courant sur leurs petites pattes, close stabilité. *Sufficit unum*. Parole du tableau, parole des paroles. Espace légal de l'icône, bouclé en sa légende.

•

Fatiguées de la chair, lasses des chairs du sens, épuisées par l'épuisement des différences répétées accourues de partout, en grappes, en essaim, en vol ou en meute, putes verrouillées sachant l'identité des chiens, des perroquets, des pavanants, des infantiles, rêvant, l'œil absenté, de colombes, de vases, de fruits, dames répétitives, ornementales, chiennes-enfants, que sais-je, les femmes de l'identité sont assises, immobiles à jamais, pieds liés, mains fermées, dans un espace-ensemble où le multiple et la relation sont posés comme tels. Ainsi habitent-elles dans l'universel sans concept, par toutes variations de versions imaginables dont chacune est bien déterminée par un concept : pratique du corps, religion, relations sociales, rêves ou mythes etc. Mais dont l'épuisement combinatoire et symbolique annule justement chaque concept déterminant. Assises, affaissées, dans le beau, sans paradoxe. Et sans trémulation pathétique. Comme Archimède ou Eudoxe, Carpaccio a tracé sur l'arène, de son pinceau, de son bâton, la géométrie simple des structures.

•

D'où vient ce résultat bouleversant. Mon effort théorique s'annule, et ce tableau se rit de moi. Il existe, déjà formées, des productions culturelles en avance sur mon discours. Il n'est plus que de rattrapage. De même que sainte Ursule, à l'aurore angélique, dit par portes ouvertes, lumière au fond, bouquet de myrtes, un récit complet de psychanalyse, de même les pseudo-putes, parmi la pluralité lasse, énoncent le *symbolique*, le *combinatoire* et le *structural*. Résultat : la théorie freudienne ou ma construction algébrique ne sont que des versions, récentes, si l'on veut, de ces formations déjà là. Mon entreprise, comme toute la philosophie d'aujourd'hui, n'est qu'une régression. Toute la méthode est dans le tableau : les phrases linéaires et la relation un-un, la tabulation des séries croisées, le schéma des isomorphies. Le théorique est dans le culturel. Et l'abstrait dans le figuré. Ainsi pour tous les récits du *corpus* de référence. Mon texte gît dans les formes et sous les couleurs, pauvre et nu par rapport à elles. Fils de misère et d'expédient. Je demande confirmation. La voici.

•

Quatrième temps. Livre rouge d'Hergest, aire ibéro-celtique. Ercwlf érigea quatre colonnes d'égale hauteur *couronnées d'or rouge* (comme au musée Correr), de cinq lettres chacune, qui constituaient l'alphabet de vingt lettres des bardes. Ce nouvel alphabet, dont le nom des lettres, en grec, se rapporte au voyage céleste d'Héraclès dans la coupe solaire, à sa mort sur le mont Œta (et la tunique de Nessos est bien rouge de sang et de feu, au soir de la vie, devant l'oiseau solaire), remplaça l'alphabet d'arbres dont les lettres se rapportaient au meurtre sacrificiel de Cronos par les femmes sauvages. Colonne-lettre, groupe de signes, mot. La colonnade est ensemble d'ensemble de signes, texte. Le signe tue le temps, en tant qu'il est tracé, il cristallise le travail, le travail du sens, des symboles, des relations. Information morte, on sait le démontrer, morte, et pérenne, par là même. Tout disparaît, c'est bien fatal, le fond, l'histoire, les récits et les lois. *Voici le tableau noir où s'inscrivent les signes*. Voici les femmes, sauvages, à l'œil fixe, les chiennes. Elles ont tué le temps, elles ont tué le sens, elles ont tué les relations, la similitude, les lois. Tristes, froides, glacées, elles ne disent plus ou ceci ou cela, passé le meurtre. Elles signifient. Les insensées. Enfin, la *caractéristique* est née, après la mort du sens, et la mort du symbole, et la mort de la relation, et la fin de l'isomorphie. Sur l'espace des isomorphies, reconnu comme tel, on écrit la *morphologie*. Et la morphologie suffit. L'alphabet.

●

Fin des travaux d'Hercule. Soit donc le corpus culturel, recensé en toute aire. Soit le tableau, je dis bien celui-ci. Qu'il s'agisse de l'un ou de l'autre espace, reste qu'il présente, de soi, *un état symbolique*. La colonne de feu, les colonnes d'Hercule, la colombe angélique, l'oiseau de Vénus, le vase d'élection, et ainsi tout autant qu'on voudra. Par les variantes en buisson, les héros du sens se rencontrent. D'où l'état, où règne *l'art combinatoire*. Séries croisées, comptage, histoires racontées, voyages en tous sens. Venus jusqu'à nous par le port vénitien. Au bout des bilans, les isomorphies et leurs lois, les schémas. *D'où l'état structural.* Universel sans concept et stabilité des opérateurs sur les éléments des versions. Le diagramme. L'épuisement exhaustif est en vue et le geste global, la geste, refluent vers le signe. *C'est l'état sémiotique.* Nous en sommes ici. Or, il était bien là, dans le corpus. Et j'ai inventé l'alphabet. Or, je m'en sers, je crois, depuis deux millénaires. Et Carpaccio également. Écrivain par colonnes, femmes et paon, scribe de tourterelles et de pattes d'oiseau, comme je le suis de jambages. Le tableau du musée Correr comme une pierre de Rosette, un obélisque, une tablette, revêtu d'hiéroglyphes ou de coins, d'idéogrammes. Espace abstrait, sans fond, entièrement écrit. A l'ordinaire de l'art contemporain, appelé non-figuratif. A la mort de Cronos, nul ne sait plus vraiment ce qu'il en est encore de l'histoire.

Les quatre états dans le tableau comme dans le corpus culturel. Récits et mythes racontent par symboles, croisent leurs versions en tous sens, dessinent des schémas où se projettent invariances et stabilités, installent un abécédaire de signes. Il ne s'agit pas de moments, seule ma théorie se rythme de moments, forcée d'écrire au cours du temps. Stances relatives au discours linéaire et monodrome. A cette étrange idée, restrictive et particulière, et pauvre jusqu'à la misère, que l'histoire est logos ou raison discursive. Amaigrissement squelettique des choses sur le fil de fer de la déduction ou de la dialectique. Non des moments, mais des événements, dispersés dans l'espace et le temps, çà et là, jadis, demain, naguère, de l'Espagne à l'Oural, et parmi les objets, faune et flore, artefacts, et présents réunis quand je parle ou j'écris le carpaccien, en un lieu donné sur une géodésique de l'espace-temps. Ça clignote, *incerto loco, incerto tempore*, tel éclat en Grèce au cinquième, et telle occultation, en Germanie, plus tard. Mais sur la variété spatio-temporelle, voici les choses, ensemble : sur la toile. Groupées dans les plis jaunes et le faste rouge de la tunique des putains. Sur le marbre, marquées. Alignées, sur l'appui, et partout, en tous sens. Alphabet des colonnes sous les pattes d'oiseaux venus, alphabet de l'écrit sous la patte du chien, solfège de féminité sous la patte du peintre. Chaîne : Carpaccio, sa main, le pinceau, la rouge, sa main, le bâton, le lévrier, sa patte, le message. Médiations par quoi on parvient à écrire.

Nous sommes, ce matin, entrés en sémiologie. Sur ce terrain, nous rencontrons de vieilles connaissances. Carpaccio, les Celtes, les Assyriens ; Pythagore qui fit les notes, Thalès qui dessina les linéaments d'une géométrie, et l'inévitable Leibniz : son théorème symbolique, son art des complexions, son idée de l'isomorphisme, et sa philosophie de la note quelconque... Mon discours s'efface, nu devant les femmes ; il se dissout devant l'histoire, stochastique et relativiste. Il n'est rien qu'elle et son travail. Plongé, noyé dans son effort nombreux. Mais il a peut-être narré comment, depuis toujours, quelqu'un, ici ou là, se met à dessiner une signalétique.

●

Fin des travaux d'Hercule au déploiement de l'alphabet. Le terme des histoires et leur commencement. La vingt-septième et la première. Ou la treizième, ou la nième. Sorti de la caverne aux symboles peints sur les murs, j'ai gravi les quatre murailles, accompagné du peuple européen, vers le soleil, au feu du signe. Quatre glacis du mont Œta. Brasier où va flamber la feuille de mon texte. J'ai revêtu la robe rouge.

Maintenant, je puis redescendre. Du *sémiotique* au *structural*, et du *combiné* aux *symboles*. Par parenthèses, tout cet espace est théâtral ; ascension et dégringolade : machinerie. Par le chien, ce peintre est vénitien et je suis né non loin du vallon de Vérone. Nous aimons, en ces lieux, raconter des histoires. Nous le pouvons enfin puisque nous disposons d'un alphabet. Des récits en nombre infini, plein le sac du petit enfant. L'abstraction pour l'heure matinale et c'est le temps du crépuscule, de ce côté-ci, rouge, de la roue du paon. Récits des mille et une nuits débarqués au port de Venise. Même femme, de la jeunesse aurore à l'après-midi soir, aigrette du cadran solaire ; au beau milieu, les cercles de midi. L'aube aux colombes et les chiens de la nuit. Est-ce un loup ? Entre chien et loup. Elles ont tué le temps, le temps va les tuer. Une colonne pour chaque heure, immobile portique.

•

Premières histoires, nuit. Alphabet : la femme et le chien. Structure : la corde du cercle. Série du bas, liée par le bâton, ou la corde.

Voici le soir venu, de ce côté du cercle, ombre à l'Ouest du paon, la vieille femme va mourir, peut-être est-elle déjà morte. Le lévrier, le *veltro* envoyé de Dante, porte le message fatal : c'était écrit. Le chien la tire vers ces lieux qu'elle voit, de ses yeux de fantôme. Elle demeure chez Hécate à tête de chien, la belle Eurydice ; le chien Cerbère l'a reprise, elle regarde longuement Orphée monter vers le soleil. Assise, rouge, au carré noir, assise pour toujours au cercle de l'enfer, noir, au fond des colonnes glacées.

Le récitant parle, à nouveau, à plusieurs voix. Il a trop voyagé pour s'en tenir aux langues maternelles. Retour d'Orient, d'Occident à Venise, centre de la mer Méditerranée. Non, il n'a pas rencontré de récits qui n'aient associé le chien à la mort, aux enfers, au monde du dessous. Bas du tableau, comme la colombe est en haut. D'où l'histoire de Thot et celle d'Anubis, l'histoire de Cerbère et d'Hécate, l'histoire d'Hermès, celles des psychopompes. Oiseaux messagers du monde supérieur, chiens messagers de l'inférieur. Récits modèles de la structure immobile-mobile, variable-fixe, corde-centre. Au pied du lit où rêve Ursule, cet autre chien est un autre ange, il annonce qu'elle va mourir. Augustin en est à son dernier livre, quatre-vingt-quatorzième, et le chien attend, face à la lumière. Attend la signature et l'arrêt. L'arrêt de mort et le passage à la lumière. L'ombre de l'écrivain sous les pattes du psychopompe. Seul, en bas, dans un espace nu, enfin le maître unique du multiple où l'ancien maître s'est perdu. Cynocéphale au chevalier morose, droit revenu d'Égypte, comme ailleurs la porte du Caire, où ses pareils ont pour mission de détruire et d'emprisonner les ennemis de la lumière, et de garder, comme partout, les portes des lieux sacrés. *Chiens d'enfer et de mort, en Perse et Bactriane, on leur jetait les corps des malades et des vieillards ; le récit d'Athalie, la reine de ces lieux, n'est pas un songe, en vérité : prévision de la fin coutumière. Dans une culture donnée, l'autre culture passe en rêve. Et la dominante, au moment de céder le pas, retourne en songe à soi-même, comme à sa mère. Le cruel Dieu des Juifs m'emporte et me dévore. Grand-prêtre, chien de garde. Et l'enfant Eliacin va détruire Athalie comme les chiens ont dépecé sa mère. L'enfant chien.* Lévrier blanc au baptême du roi, messager des pouvoirs occultes qui emportent l'âme royale. Chiens guides d'âmes dans l'au-delà. Précédant qui erre et sceaux de la fixité. D'où ce bâton dont on ne sait s'il est un lien ou un vecteur, d'où la laisse chaîne raide : tirer pour mettre en branle ou fixer pour emprisonner. Chien d'aveugle et de garde. La loi de la série symbolique est structure, comme le signe entre deux signes. De l'animal aboyant à la constellation céleste, voyage par le chien, de la connaissance ordinaire, l'ouï-dire de l'aboi, au signe écrit au milieu des étoiles, par les marches que je viens de compter. Cercle moniste panthéiste où le chien circule, immobile.

Peu de récits, en outre, où le chien ne soit associé à une variété sexuelle, et végétative et femelle. D'où la décision historique ou l'habitude ou le réflexe culturel, de nommer le tableau par les deux courtisanes. Qui, sauf une putain, passerait des colombes aux chiens ? Cette appellation dit moins sur l'icône que sur qui la regarde. Et l'historien qui la critique lit les armes du vase, il ne voit pas le vase, il ne voit pas ceux qui le voient. D'où les fleurs, la grenade, les femmes. Le chien symbole fait tache d'huile, la série du bas intersecte les autres séries, pas de signes locaux sans la totalité de l'alphabet. Histoires de femmes, dérivées, primitives. *Athalie et sa mère, si ressemblantes, chiennes vouées aux chiens. Athalie la stérile, sans feuillage, sans verdure, le nom le dit exactement : pute sans descendance, couverte par les chiens, vase sans bouquet, grenade sans pépins. En haut, la maternité même, avec ses attributs, puis la stérilité, démunie d'enfant et de fleur. Athalie et sa mère, Thalie et Athalie, la fleurie et la mule. Drame généalogique où l'histoire hésite et penche, entre la branche étrangère et bréhaigne, promise aux chiens, et la branche autochtone que tous croyaient tarie et qui, ce jour-là, refleurit : Eliacin ou Joas, enfant de la colombe. Thalie et Athalie, la comédie, par paon et perroquet, la fin de la comédie, la tragédie en soi et pour soi. La dernière sans descendance. La comédie féconde, au milieu des bouquets, des pampres et des vignes, et l'infécondité, ou le désert tragique. Chiens de la nuit aride, fantasmes de* cauchemar. Dérivées, primitives. Combien de femmes fécondées par des chiens, des chiens jaunes parfois, des amants lévriers, donnent naissance à une dynastie ou à l'humanité tout entière. Figuration première de l'histoire, par la filiation de la louve. Romulus et Rémus, hommes au loup, jumeaux de la femme-loup. Ici, un pas de plus aux racines généalogiques : les jumelles aux chiens.

Le pur et l'impur. Le chien est impur et le lévrier pur. Blanc aux lieux baptismaux, sous le trône du roi. Ange messager, ange radieux, ange déchu. Petit roquet gras et obscène, érigé aux jambes de la putain ou de la dame. Histoire de nos pères : oui, ce sont des aristocrates ; non, des courtisanes. Critiques poussés dans le dos par la dualité culturelle du chien, tout autant que par le partage des classes. D'un côté, chez Dürer, la bête sainte est précurseur du second avènement christique ; ailleurs, c'est l'injure ordinaire : chienne, salope. Des Italiens aux Barbaresques. Sociologie, politique, religion, symbolique, la critique ordinaire n'est qu'une autre version de la dualité qui partage le chien et son amie, la femme. Bien et mal, archange et démon. L'Iran jusqu'à nous, inlassablement.

Bénéfices et maléfices, complémentarité, contraires. La jaune et la rouge-noire. Le bâtard et le lévrier. La laisse attache ou le lien à laisser. Fascination, qu'induit l'icône par ce balancement sans fin qui, dit-on, produit l'histoire et le temps : répugnance et beauté. Carré blanc dans le cercle rouge, cercle noir dans le carré blanc. Nuit et jour.

•

Deuxièmes histoires, l'aurore. Côté Est de la roue solaire du paon, côté de l'enfant, horizon frontal du portique cadran. Raies blanches sur marbre : tangente au cercle noir et au chien de la nuit, celle qui vient vers nous.

Colombes sacrées d'Aphrodite. Eros sublimé des Hellènes. Esprit saint. Visite, annonciation testamentaire. Chasteté des leçons talmudiques. Ame du juste. Un essaim d'histoires d'amour, vol de tourterelles parties de partout, sous la rose des vents, tout autour de Venise, dans l'espace et le temps, parmi les vases, les fruits et les colonnes, trésors utérins de la féminité, verrouillés sous portique. Un seul alphabet pour cent mille récits, un seul cantique des cantiques.

Ton cou au milieu des rangées de perles, nous te ferons des colliers d'or pointillés d'argent. Oui, tu es belle, amie, tes yeux sont des yeux de colombe. Notre lit est un lit de verdure. Fortifiez-moi avec des fruits, car je suis malade d'amour. Voici que l'hiver est fini, les fleurs et les bouquets ont paru sur la terre, le temps des chants est arrivé, la voix des tourterelles envahit les campagnes. Lève-toi, mon amie, viens, ma colombe, assise dans la fente du rocher, dans l'abri des parois escarpées, viens avant que vienne la fraîcheur du jour et que les ombres fuient. (Vois les ombres, l'aurore est face à toi.) Le Roi Salomon s'est fait une litière des bois du Liban, il a fait des colonnes d'argent, un dossier d'or et un siège de pourpre. Tes yeux sont des yeux de colombe, jumeaux, ta joue est une moitié de grenade. Ton amour est meilleur que le vin, les aromates et le miel, dans ta source fermée, urne, fontaine scellée. Tes pousses comme un bosquet de grenadiers, tu es les arbres et les bouquets. Le bien-aimé : ses yeux sont comme des colombes, ses joues des plantes odorantes, ses mains des cylindres d'or, ses jambes des colonnes d'albâtre posées sur des bases d'or pur.

Quelle est celle-ci qui apparaît comme l'aurore, parmi les grenadiers en fleurs ? Vierge, vivace et vieille aurore.

•

Troisièmes histoires, midi. Cercle de cercles et carré des cadrans et des cadres. Le nuptial anneau des anneaux et le retour de l'alphabet. La myriade des voix des peuples pour ne prononcer qu'une chose. Recommencement des colonnes, des heures et des signes. Espace boucle du rythme, de palingénésie. *Espace de la Renaissance.* La Méditerranée, l'Orient, l'Occident repris, pour engendrer une nouvelle ancienne histoire enfant. L'éternel retour de la femme, de l'enfant dans la femme et de la femme enfant, de la femme au-delà des nuits, de la femme cycle victorieuse du temps, de la femme *signe du cycle*. Colonnes : les sept piliers de la féminité.

Stabilité des signes, des schémas, des séries, des symboles, par la reprise circulaire et par le cycle féminin.

Répétitive, perroquet, ornementale et vaniteuse, paon. Inutile, vaine, essentielle ; absurde et fondamentale. Quadrature du cercle, contradiction. Itérative, perroquet, mais de totalité. *Paon, réunissant toutes couleurs et tous regards, peinture, sur la roue de sa queue déroulée.* Oiseau d'Héra, cette emmerdeuse, mais la femme du roi des Dieux. Roue, identité d'essence pour l'ensemble des manifestations. Yeux : cycle total du vu voyant, pliés dans le tableau, stable ; au contraire, fragile. Apparaissant, disparaissant, par éclats et occultations, comme la roue cyclique se déploie et se plie. Temporaire, éternelle. Fascination de l'icône contraposée. *Toutes couleurs, tous signes et tous sens, impliqués dans le plumage ici fermé de l'oiseau du soleil.*

Toutes choses dites, en ce soleil noir. Et mon texte total et noir en feuilles pliées.

Amie au jardin, parmi les bouquets, les grenadiers et les colombes. Minute éblouie : le paon ouvre sa rosace soyeuse pour toi. Ton propre cycle, le cosmos tout entier, yeux, soleils, mille regards et mille soleils dans la roue. Tu vois tout et tout te voit, épacte, en cet instant milieu. Tout qui revient et reviendra. La Renaissance. Tout qui se cache et qui se ferme, en cette minute oiselée qui boîte maladroitement et fuit. Midi.

Midi perdu aux deux lunes jumelles. Où le centre du cercle est noir ou caché.

Par le lévrier pur de la nuit.

L'envoyé, de retour.

●

Deuxième énigme de la sphinx : « Ce sont deux sœurs dont l'une engendre l'autre et dont la seconde, à son tour, est engendrée par la première ? » Solution : la nuit et la journée. Mort du monstre. Signé : Œdipe.

Retour à Venise

Parmi les histoires obliques racontées ou racontables en éventail devant les *Deux Courtisanes* du Musée Correr, il en est une que j'ai naguère omise, sans doute parce qu'elle était droite. Tout le monde voit que ce qui est rectiligne ne fait pas d'ombre, c'est ainsi qu'on ne le voit pas. D'où ce texte en regret, au retour d'Enna, ville milieu de la Sicile.

Hadès, dieu des Enfers, amoureux fou de Perséphone, l'enleva au milieu des plaines qu'on voit de cette ville hautaine, pendant qu'elle cueillait des fleurs, en compagnie des Nymphes. Zeus, son père, ferma les yeux, le coup se fit un jour où Déméter était absente. Comment s'absente une déesse, l'histoire ne le dit pas. Elle était reine maternelle de la Terre, et Perséphone était sa fille. Or la terre s'ouvrit quand la jeune fille cueillait un lis ou un narcisse, Hadès parut et l'entraîna. Déméter, malheureuse, entendit le cri de l'enfant, accourut, ne la trouva pas. Elle erre par le monde, elle abdique sa fonction divine. Pendant qu'elle fait grève, la terre est abandonnée, stérile, pauvre, désertique.

Ému par le malheur de cette pauvre mère, mais surtout ébranlé par cette grève agraire, Zeus donne l'ordre au prince des Enfers de laisser libre Perséphone. Mais la chose ne peut se faire. Car la jeune fille a rompu le jeûne, elle a mangé un grain de grenade, ce qui a pour effet de la lier pour éternellement aux terres infernales. Pouvoir contre magie, seul un compromis peut trancher. Déméter revenait sur l'Olympe et sa fille partagerait l'année entre la demeure noire d'Hadès et le monde au soleil. Ce soleil qui avait tout vu et qui n'avait rien dit à la mère, pendant qu'à Éleusis, elle restait assise sur la Pierre sans Joie. Et c'est ainsi que, lorsque le printemps s'avance, Perséphone monte du sol avec les pousses et les plantes, et que, six mois après, elle se réenfouit, dans la semaine des semailles.

Elles sont toutes deux sur un banc de pierre, les deux filles sans joie. La mère et la fille, peut-être. Ou la fille, deux fois, jeûne entre les deux vases de pousses et de plantes, habillée clair, aimée des colombes, vieillie, surveillée par les chiens infernaux, tenue en laisse par Cerbère, habillée sombre, et voûtée par un long hiver. Elle tient, en haut, son mouchoir, à l'aplomb droit de la grenade. Elle peut bien pleurer définitivement, voilà, elle l'a mangée. Elle demeure donc fermée à l'intérieur du portique du temps. Le fond n'est pas plus noir que le cœur de l'enfer.

La paon, oiseau solaire, la surveille. Et le petit enfant sous la voûte de pierre s'appelle Ascalaphos : lorsque, dans le jardin d'Hadès, Perséphone avala le grain de grenade, il était là, témoin, espion, regard. Déméter, en colère de sa délation, le mit sous une pierre, avant de le transformer en oiseau. Le paon du soleil entre les tourterelles printanières et les chiens de la nuit. Par terre, dessinés avec exactitude, le monde et le soleil, dans leurs partages et leurs quadratures, dans leur circonférence régulière et leur retour sempiternel.

Histoire du monde, histoire du temps, rythmes culturaux des saisons. Et le tableau de Carpaccio peut se nommer *La Terre*. Celle qu'il avait oubliée à force de peindre le Verbe. Il quitte l'histoire mâle, un moment, pour raconter la stabilité du Cosmos, et le cycle femelle des fécondités.

OUVERTURE

Timbales et buccinateurs

Soit un canal ou un espace de communication. Il est rempli de bruit, du bruit de fond conditionnel au passage de tout message, multiplicité stochastique indifférenciable, rumeur, foisonnement du monde. Le signal se détache, forme sur fond, différence, de ce chaos. Soit donc le cri, la voix ou la tonalité. La couleur ou la forme. A quoi reconnaître que le message transporté par la vague haute propagée sur le halètement des choses se dit par une voix, par un cri, par un son chromatique ? Comment recevoir ce que dit le message ? Grâce à ceci que tout organe de réception est un analyseur. Il distingue la complexité de l'émis, en précision, son chiffrement. Il déchiffre. Tout est dans le signal et le fonctionnement ouvert des analyseurs. Tout est nombre.

Voici que vient, par cet espace gris, le troisième la, donné par ce violon, comme une onde. Quatre cent trente-cinq vibrations par seconde, selon le diapason. Chiffre classé dans une échelle, sur une gamme, ordonné par telle oreille culturelle sur une aire déjà posée. Onde pure, ou à peu près pure, où se désaltère la peau. Mais il ne suffit pas de donner un seul chiffre, ou d'indiquer un seul déchiffrement. Ce la troisième peut être émis par un piano, tel ou tel, attaque franche ou toucher velouté, par un violon, incandescent, tzigane, académique ou froid, par un contralto pathétique ou tel passant joyeux qui chante à peu près faux. Dès lors, le message est chiffré plusieurs fois : du côté de la gamme et du côté de l'émetteur. Comme s'il y avait la musique et le propre des musiciens. La fenêtre des variations est pourtant ici fort étroite. L'arabesque des festons parasites autour de l'onde pure doit rester minimale, sous peine de la détruire en autre chose qu'elle. Point trop d'orchidées pour le tronc majeur. Un grand interprète, comme on dit ou disait quand on en avait peu, s'individue au voisinage même des bords de la fenêtre autorisée, jusqu'à risquer cette mort propre qui est la chute dans le bruit ou la substitution de soi à la note, par faute de goût : souligner le feston de préférence à l'onde, faire voir son exhibition plutôt que ce qu'on dit. Rien de tout ceci ne varie de façon notable quand on passe de la note à la partition, du filet de voix à l'orchestre, du solfège épelé aux pleins jeux. La musique est, en général et d'abord, l'ensemble des messages à chiffrements minimaux pour une culture donnée, l'ensemble des signaux les plus simples et les mieux rabotés. D'où son extension universelle, transculturelle : chaque aire produit et communique, au moyen d'artefacts ou par la voix humaine, ce train d'onde optimal. D'où sa fonction originaire : première pour les arts, première des beaux-arts, inaugurale de la science, comme physique et théorie des nombres embryonnés.

La musique est identiquement ce minimum, cette simplicité limite des signaux qu'elle fait circuler. Or, que transporte le message ? Rien, en toute rigueur. Pas de signe, ou plutôt un bloc de signes arbitraire, il suffit de se mettre d'accord sur le code. Pas de sens, ou un sens arbitraire, exactement tous ceux qu'on veut. Elle est communication du quelconque. Signal pur qui fait trembler la peau, qui bouleverse et fait danser l'ensemble des analyseurs ouverts qu'est le corps. Appel vide, il cache au moins la rumeur sans appel du monde, il couvre le bruit indénombrable du réel ; il me rend sourd un moment à ce bruit de fond insensé issu du fonctionnement follement complexe des organes. Signaux à peu près purs, appel vide et blanc du quelconque. Il faut mettre en rapport cette simplicité du chiffrement et cet universel en général que creuse le signal. D'où ce résultat élémentaire : la musique est le mode chiffré de communication des universaux précédant tout ce que peut transmettre un message. A chiffrement minimal, généralité des universaux transportés. Mieux encore, ces universaux ne sont pas autre chose, ne peuvent se définir autrement que par ce maximum de simplicité dans le chiffrement du signal.

Le bruit de fond est conditionnel au passage de tout message. Multiplicité de base qui remplit les canaux ou les espaces de communication. Ce premier appel vide est conditionnel de tout message, comme le moins chargé, comme celui qu'on pourra surcharger. Les universaux sont conditionnels de la connaissance, formes blanches à remplir. Mais ils ne sont pas dans un autre monde, ou dans une boîte noire fermée appelée sujet ou nommée autrement, ils sont ici et là, repérables, et courant l'espace.

Clinamen surgi parmi le bruit produit par l'agitation aléatoire des atomes, parmi le bruit de chute qui ferme et fonde les conditions générales de toute théorie ; éclair dont Héraclite dit qu'il gouverne l'univers et dont il faut penser qu'il gouverne par une inclinaison du gouvernail ; orage préliminaire à la navigation en vue des îles Tohu-Bohu ; vague, lame haute, balayant, çà et là, l'espace de communication ; étincelle tranchée par la lumière diffuse du jour ; éclat du tonnerre dominant la rumeur confuse des choses ; signaux. Et la domination comme signal. Comme dominante. Signaux différenciés dont le son pur que je viens de compter n'est premier qu'en droit et pour nous, et en telle fiction de l'histoire. Signal que Lucrèce a minimisé en un écart différentiel pour le champ gravitationnel des éléments de l'alphabet : *paulum tantum quod momen mutatum dicere possis ; ... nec plus quam minimum.* Ce qui n'est pas, et de fort loin, une précaution de langage, ou l'avertissement que rien de tout ceci n'est

perceptible par les sens, mais la définition canonique et comme archimédienne, de l'angle le plus petit, du minimum vectoriel, de l'atome angulaire. La première différence calculée différentiellement. Comme si le traité perdu d'Épicure traitait de l'atome d'angle plutôt que d'angle parmi les atomes. Περι τνζ εν τω ατομω γωνιαζ.

D'où la reprise générale du modèle atomistique. Non plus pour la genèse des choses en elles-mêmes, notre science y pourvoit, et sa reprise du modèle date de Perrin et Boltzmann. Mais pour l'information et la construction théorique. L'espace épicurien est celui des communications, il ferme et fonde, par ses multiplicités stochastiques, les conditions globales du connaître. Sur cet espace chaotique, le bruit, passe un signal. Qui ne peut ni être perçu que sous condition du chaos. Et qui, à son tour, est condition de tout le reste. D'où l'intérêt de choisir un événement, un ébranlement minimal. Ce clinamen chez les Anciens ou ce chiffrement simple dans le message musical. D'où ce que j'ai nommé l'esthétique : aperception première, capture, interception de l'espace fondamental, et du signal élémentaire qui le traverse, comme une vague. Elle est d'abord et restera, peut-être, une esthétique des signaux. Or ceux-ci comme différences, minimales ou hautes, rides ou raz de marée, inclinées par rapport aux paquets stochastiques, sont les premières formes. L'esthétique des signaux-formes est une morphologie. Variable par le temps. Ainsi l'alphabet des formes retrouve le chiffrement des signaux. Il était donc fatal que sur l'icône de saint Georges au dragon, par espace fermé défini et vecteur sagittal, je retrouve enfin la morphologie lucrétienne. Elle est fondamentale, comme théorie générale des éléments et comme élément de la théorie.

L'espace est sémaphore. Par éclats, occultations et clignotements, les signaux passent. Voici la voix criant dans le désert. Voix qui n'a pas de sens, cri qui n'est plus musique. Mais ce n'est pas l'appel insensé du tonnerre. Écart total dans l'échelle signalétique : le bruit de fond est, à la limite, inchiffrable, le son pur est d'un chiffre-

ment ultra-simple. Écart total sur la deuxième échelle :
la pureté du son a rapport aux universaux et le bruit à la
dissémination aléatoire de l'infra-singulier. Le spécifique
est une forme, distincte de ces deux limites élémentaires.

Supposons qu'un message quelconque cherche à ne
pas se perdre au voisinage de ces deux bornes. Ni dans le
bruit de l'infra-singulier ni le détail aléatoire de la
fluctuation, ni dans la sonorité minimale des universaux.
Voici une définition, un espace découpé entre le signal le
plus simple et la limite inaccessible, la fermeture du
chaos. Ce qu'il faut bien nommer l'inconnaissable, positi-
vement reconnu. Ce segment défini porte les conditions
de spécificité. Intervalle occupé par les formes, les complexions, et conditions remplies par croissance de composition à partir du simple, par combinaisons et surchar-
ges. Soit à comparer, par exemple, une bande où sont
enregistrées les vibrations de la troisième, et telle autre
où telle partition d'auteur, exécutée, ici ou là, et par
quelqu'un, vient de laisser les mêmes traces. Par le
théorème de Fourier, la règle des harmoniques, bref, les
stratégies ordinaires de l'acoustique physique, je puis, à
la rigueur, espérer dominer la comparaison. Tout comme
si la science physique avait rapport à la transmission des
universaux et se fermait de soi sur le règne du bruit. Cela
dit, cette bande phonologique, ce sonogramme, obtenus
quelle que soit la voix de l'émetteur, quelle que soit sa
langue, présentent des spectres d'une complexité sans
nul rapport avec les précédents. La physique ordinaire
n'en dit plus rien. On les décrit, on en parle en statisti-
ciens. Sur cet ensemble, une autre science est en gésine.
Or, il se trouve, et ce n'est pas ma faute, que ces signaux
et eux seuls, transportent ce qu'on a coutume de nommer idées, concepts, nominations, descriptions et particularités singulières. Tout comme si ces notions et ces
attributs nichaient dans le complexe même du signal, son
enchevêtrement, son lacis, son pliage, ses plages. De
même la spécificité d'une molécule réside dans sa forme,
sites et positions dans l'espace : stéréospécificité. Dire
que le concept, et tout ce qui s'ensuit, habitent les nids

nombreux dessinés ici par le sonogramme, n'est pas à céder au physicalisme, puisque, justement, la physique a fui, c'est pratiquer la phénoménologie la plus simple, une morphologie. Les signaux et les formes suffisent à définir la deuxième échelle, celle des universaux, des concepts et du sens. Et, de nouveau, le sens est obtenu par une topologie de l'espace. Le sens du sens est le sens topique.

D'où le silence sur les sons, j'entends, par là, cette absence remarquable de textes sur la musique. Trois lignes de Platon et Leibniz, quelques pages de Rousseau, de Hegel, Novalis, Schopenhauer et Nietzsche. Hors, bien sûr, la masse documentaire sur la technicité, la facture ou l'histoire : de Mersenne aux dictionnaires de monographies. C'est que nos messages vocaux ou écrits sont beaucoup trop complexes pour ce simple ; ce n'est pas avec des concepts et des attributs qu'on peut rattraper les universaux. Le remplissement d'un espace ne saurait désigner son vide. Musique ineffable, bien entendu, sans mystique et sans pathétique. Ineffable tout simplement par l'impossibilité où se trouve le compliqué de désigner le simple. La musique, comme par nature, est oubliée dans et par le langage. Il a trop griffonné dessus. Quoi que vous disiez sur elle, voici qu'il faudrait l'effacer, pour le dire avec pertinence.

La communication par le langage est canal maximum de deuxième rang sur l'échelle. Par un filtre passe-bas, on en conserve la puissance et les sonorités, par un filtre passe-haut, les éléments intelligibles. Les analyseurs sensoriels, dont lesdits organes du sens ne sont que les terminaux, y dépistent les poches et places où sont blottis les nœuds de sens que nous nommons concepts, idées, ou autrement. Le message en circulation ne va pas très loin dans les particularités singulières : le corps vocal est abstrait. Il suffit de raboter les différences pour obtenir, à ce niveau, un canal minimum et optimisé, la communication mathématique, née de dialogues et dialectiques, de rôles et de contrôles.

Fermez les oreilles, vous perdez le pouvoir d'abstraire.

Destin des sourds-muets. Fermez les yeux, vous perdez le canal de troisième rang. Destin des aveugles. Le mot rouge est à peine rouge, le mot bleu est à peine froid. Voici l'icône. Multilinéaire, bidimensionnelle et simulant l'espace, les espaces. Communication quasi saturée, par maximum connu de chiffrement. Elle peut tout transmettre : les schémas purs, les morphologies, les isomorphies, la combinatoire des séries croisées, les signes, les symboles, les sens, jusqu'au détail discernable du singulier, formes, couleurs et voisinages. Du sonogramme à l'idéogramme, et de celui-ci à l'icône peinte. La communication iconique transporte *toutes les abstractions et toutes les histoires*, les théorèmes et les récits. Le figuratif est diagrammatique par anecdotes. Morphologique, c'est-à-dire à la fois pur alphabet *a priori* et couvert de singularités colorées.

A l'inverse de la musique, je puis donc en parler indéfiniment, je puis écrire autant que je veux sur la ligne du temps. La communication iconique n'est pas derrière le langage, comme les universaux acoustiques, elle est devant lui, comme une tâche. La géométrie est devant l'algèbre, la physique devant la mathématique. Le singulier, ici portraituré, visé, exploré, débroussaillé par l'élément formel. Et le multilinéaire par le monodrome. Tissage et détissage sans fin par les mots navettes. Pénélope construit la carte. Les pages, patiemment, se décollent de l'icône. Et les volumes du volume. Puits sans fond d'où je tire l'eau, seau par seau, sans épuisement espéré. La critique est fille de Danaos. Elle drague, dans les lacs du Carpaccio, géométries et nouvelles, algèbres, sémiotique, histoires d'amour, toutes les énonciations culturelles. Elle fait de l'histoire, ligne à ligne, à partir de l'espace, mailles multidimensionnelles où l'histoire est prise, piégée. Ces tableaux saturés de singularités en pluie autour de l'abstraction, touchent, à gauche et à droite de leur ordre, sur l'échelle des communications, la limite foisonnante du bruit et le bord silencieux du graphisme et, par-delà, celui des sonorités : les premiers rangs.

D'où l'histoire de la peinture, déduite de sa place dans

la fonction générale de communiquer. Elle va, dit-on, du figuratif à l'abstrait : son évolution. Ces mots, sans doute, ne portent pas grand sens. De fait, elle cherche à reconnaître ses bornes. Elle plonge vers l'aléatoire, le stochastique, l'explosé, savoir son terme le plus voisin, sa tentation, le bruit. Ou bien vers le graphisme, le linéaire pur, sa frontière, de l'autre côté, dans les échelles du signal. Son histoire n'est pas du temps, mais, tout bonnement, de l'espace. Comment pourrait-il en être autrement ? De Carpaccio vers nos rivages, voici le balayage de l'intervalle installé : de l'alphabet réduit aux idéogrammes à la dissémination aléatoire du bruit de fond spatialisé.

●

Dès le Cinquecento. l'étendue complète de ce segment est couverte par Carpaccio. Saint Georges ou les Christs descendus de croix : l'explosion, l'aléa s'installent. Le bruit désigné, approché, le retour aux éléments atomisés, membres épars, pierres cassées, lettres manquantes : la mort. La mort du sens, la mort du signe, la mort du verbe, la non conversation, la communication morte. Par dispersion. L'espace est en morceaux. Et c'est la mort réelle de l'icône. Voici la limite : au-delà, il n'y a plus de peinture possible. Sauf à déchirer la toile elle-même. L'auteur du chef-d'œuvre inconnu meurt après avoir peint l'aléa, pour avoir mis les pieds dans l'océan du bruit. En deçà et jusqu'au voisinage, la communication saturée dit tout ce qu'elle peut dire : morphologies, alphabets, séries, indicateurs d'isomorphismes, symboles, circonstances. C'est par cette saturation innombrable qu'elle finit à l'explosion, au stochastique des pierres et des morts.

D'où la limite inférieure, sur l'échelle globale, de l'autre côté. Message sous la patte du chien, tables gravées sur le trône du Christ, enfance à l'oreiller d'Ursule. C'est l'enfance de l'art. Sa mort dans l'explosion, son enfance dans le graphisme. Reconnaissance des deux bords, travail adulte dans l'espace ainsi défini. Ursule enfant, et

156

verbe enfant. Marques frontières de l'espace investi et du terrain de la pratique, refus des régressions à ces bords, fascination de les franchir. Et si vous voulez une histoire, la voici donc. Histoire de ce peintre en même temps que de toute peinture : il est écrit, dans le sommeil, que ça commence, il est atomisé, dans les pleurs, que ça meurt.

Au-delà, reste la musique. Buccinateurs brûlants, rouges sur podium rouge. Rouges comme le perroquet qui, lui aussi, répète, rythme, et crie. Chiffrement simple et tout uni, couleur simple et fondamentale, la plus basse, précisément, sur une échelle différente. Ange bleu sur le marbre glacé, froideur du pincement des cordes. Thrène douloureux de la mort, au-dessus du tombeau. La musique, message limite, marque, sur le message saturé, les moments limites : la présentation et les funérailles, la naissance du verbe et son assassinat, le baptême du roi et la fin de la Bête, le départ des fiancés sur la digue et le pont, l'ensemble des franchissements. En deçà, il n'y a plus rien : même pas de peinture. Mais la musique, universelle, emplit l'espace.

Carpaccio a tout transmis du transmissible : le totalisateur des signaux.

TABLE

CRÉDITS PHOTOS

Photos Bulloz. Pages 10, 12, 23, 60, 83, 93.
Photos Roger Viollet. Pages 33, 38, 150 (bas à droite), 151 (haut à droite et bas à gauche).
Pour les autres documents : Photos X tous droits réservés.

Composition réalisée par C.M.L., Montrouge.

IMPRIMÉ EN FRANCE PAR BRODARD ET TAUPIN
Usine de La Flèche (Sarthe).
LIBRAIRIE GÉNÉRALE FRANÇAISE - 6, rue Pierre-Sarrazin - 75006 Paris.

ISBN : 2 - 253 - 03245 - X   ✦ 42/4005/7